Chronos

1.

Michela Alessandroni

ARAMEI

Le oscure origini di un popolo

flower-ed

Aramei. Le oscure origini di un popolo
di Michela Alessandroni

© 2018 flower-ed, Roma

I edizione *Chronos* agosto 2018
I edizione *Chronos* ebook febbraio 2012

ISBN 978-88-97815-51-8

www.flower-ed.it

A Tommaso,
che mi sostiene nelle mie ricerche.

INTRODUZIONE

La maggior parte degli studiosi è concorde nel considerare gli Aramei una nuova entità nel mondo vicino-orientale dell'età del Ferro, rappresentando per essi lo sviluppo dell'elemento nomadico presente in Siria e in Alta Mesopotamia sin dal Tardo Bronzo.

Questa visione è alquanto limitante, in quanto taglia nettamente con un passato più remoto e non prende per nulla in considerazione i documenti scritti del II e del III millennio che incoraggiano a una ricostruzione storica diversa.

È vero, in alcuni casi la lettura dei termini individuati si è rivelata errata da parte degli studiosi e in altri si trattava semplicemente di assonanza; tuttavia, se si escludono queste due eccezioni, restano numerose altre attestazioni degne di essere considerate: in seguito ad approfondite ricerche, le ho raccolte in questo studio.

In questa indagine ho voluto delineare innanzitutto una storia degli studi riguardante l'origine incerta e oscura degli Aramei, a partire dal 1949, anno in cui A. Dupont-Sommer pubblicò il suo meraviglioso *Les Araméens*.

Ho poi voluto attingere direttamente a tutte le fonti vicino-orientali recanti i termini Aram e Akhlamu (spiegherò poi il motivo che mi ha portato a indagare intorno a questo secondo termine) prima della formazione degli stati aramaici di Siria, ossia prima dell'epoca della sedentarizzazione.

Infine, dopo aver individuato e tradotto le fonti, ho tentato una ricostruzione storica basata su di esse, senza preconcetti e con il solo intento di far luce su quel lungo periodo oscuro della storia aramaica.

I.

Storia degli studi

Nel 1949 fu pubblicato il libro di A. Dupont-Sommer *Les Araméens*. Preceduto da due sole importanti monografie sull'argomento (A. *Šanda, Die Aramäer*, Leipzig, 1902; S. Schiffer, *Die Aramäer*, Leipzig, 1911), questo studio rappresenta l'unica sintesi generale sulla cultura degli Aramei antichi, ampliata di nuovi dati rispetto alle precedenti trattazioni, soprattutto per quanto riguarda l'identificazione tra Aramei e Akhlamu.

Passando in rassegna le fonti prese in considerazione dall'autore, notiamo che la prima è l'Antico Testamento: un testo che andrebbe studiato a parte per diverse ragioni che poi chiarirò, ma che l'autore sceglie per la relazione in cui si trova con il supposto luogo d'origine degli Aramei e con il territorio nel quale si sono stabiliti; egli crede, infatti, in una originaria parentela tra Aramei ed Ebrei (Aram ed Eber sono entrambi discendenti di Sem; donne aramee sono scelte come spose dai Patriarchi; Giacobbe-Israele è detto "arameo errante") e crede altresì che entrambi provengano dal deserto siriano. Contesta però il fatto che i racconti relativi ai Patriarchi descrivano una situazione realmente così antica (prima metà del II millennio a.C.): si tratterebbe piuttosto di una trasposizione nel passato di un fenomeno, lo stabilirsi di queste genti in Alta Mesopotamia, verificatosi tra il IX e l'VIII secolo a.C.

L'autore esamina poi le altre fonti, procedendo in ordine cronologico, a cominciare da una lettera proveniente da Tell el-Amarna del XIV secolo a.C., purtroppo non integra.

Questo testo è importante perché nomina gli Akhlamu e, grazie all'analisi di altri documenti, induce lo studioso a identificare questa popolazione con gli Aramei; sembra che questi siano da collocare lungo le rive dell'Eufrate, in quanto in relazione a essi viene menzionato un re di Babilonia.

Inoltre, proseguendo cronologicamente, del sovrano assiro Arik-den-ilu (1325-1311 a.C. ca.) ricorda l'iscrizione che riporta la sua vittoria su Akhlamu e Sutu e la loro ricacciata al di là dell'Eufrate.

Del secolo successivo (1275 a.C. circa) è menzionata una lettera che il re hittita Khattushili III scrisse al re di Babilonia Kadashman-Enlil III e dalla quale apprendiamo che le rotte erano poco sicure proprio per la presenza degli Akhlamu.

Da Salmanassar I (1280-1256 a.C. ca.) sappiamo che Mitanni, nel momento in cui decade, entra nelle mire non solo dell'Assiria e degli Hittiti, ma anche degli Akhlamu, contro i quali il sovrano si trova a combattere. Sotto il suo successore, Tukulti-Ninurta I (1255-1218 a.C. ca.), la lotta continua: egli dichiara di aver conquistato "il paese di Mari, il paese di Khana, il paese di Rapiqu e le montagne degli Akhlamu".

Con gli sconvolgimenti che accompagnano l'inizio dell'Età del Ferro si modifica l'assetto politico-territoriale di quasi tutto il Vicino Oriente. L'Assiria tenta di espandersi ulteriormente verso occidente, ma sull'Eufrate si trovano proprio gli Akhlamu. Ashur-resh-ishi (1149-1117 a.C. ca.) li affronta e si vanta di averne massacrato le truppe.

Il suo successore, Tiglatpileser I, lotta contro di loro per tutta la durata del suo regno, come testimoniano le iscrizioni. In uno di questi documenti, del 1116 a.C., descrive la sua marcia verso gli Akhlamu-Armaya, la conquista di sei villaggi presso il monte Bishri e la presa dei loro beni. In un'altra importante iscrizione, racconta delle ventotto campagne effettuate per ricacciarli al di là dell'Eufrate. L'autore sottolinea come queste spedizioni siano tanto numerose quanto inefficaci contro un nemico che si sta ormai sedentarizzando.

In questi ultimi due testi il nome utilizzato per designare queste genti è un nome doppio, che Dupont-Sommer interpreta come l'affermazione degli Aramei all'interno del più vasto e composito gruppo di Akhlamu. Quest'idea riflette forse il tipo di ricerca che svolge tra le fonti: una ricerca che si occupa essenzialmente degli Akhlamu e che non prende invece in considerazione il termine "Aram".

La documentazione e certe posizioni rispecchiano pensieri oggi parzialmente superati, ma è fuor di dubbio che quest'opera sia ancora insostituita. Il libro di Dupont-Sommer fu subito riconosciuto come fondamentale e tale sarà considerato anche in seguito, anche quando la documentazione riguardante gli Aramei antichi verrà ampliata dai nuovi dati del III millennio.

Nel 1951, l'articolo di S. Moscati *Sulle origini degli Aramei* aggiunge al materiale fino ad allora raccolto tre iscrizioni di un periodo anteriore al XIV secolo a.C., riguardanti dunque la storia aramaica più antica che non era stata ancora trattata dagli studiosi. Al contrario del precedente studio di Dupont-Sommer, Moscati si preoccupa di riportare anche tre documenti più antichi che menzionano il nome "Aram", sia come antroponimo che come toponimo.

La prima iscrizione è quella pubblicata da F. Thureau-Dangin nel 1911. Si tratta di una riproduzione su una tavoletta d'argilla di un originale scritto su una statua di

Naram-Sin nel tempio di Enlil a Nippur: la tavoletta è stata per questo datata al XXIII secolo a.C.

Chi non conoscesse l'iscrizione può leggerla nel capitolo successivo dedicato alle fonti. In essa è raccontata la lotta tra il re e "Kharshamatki, signore di Aram e di Am"; lo studioso non propone alcuna identificazione, ma riporta le interpretazioni più importanti date negli anni.

E. Dhorme, nell'articolo *Abraham dans le cadre de l'histoire*, propone queste identificazioni: per Tibar pensa a una montagna del Tauro, ricordando i Tibarenoi del paese di Tebal, tra la Cilicia e la Melitene; individua poi in Aram la regione biblica Aram Naharaim, mentre per Am ha dei dubbi.

B. Hrozny', poi, identifica Aram con il popolo aramaico, il quale già dal III millennio si sarebbe infiltrato in Siria e in Mesopotamia. Quanto ad Am, osserva che questo nome richiama quello egiziano dei semiti asiatici nelle iscrizioni dell'Antico Regno. In realtà, ricorda Moscati, questo nome non è dato solo ai semiti e quindi diventa un concetto troppo generico per essere accostato a quello di Aram.

Nel 1935, I. J. Gelb sostiene l'uguaglianza per cui Aram:Armanum=Am:Amanum e considera Kharshamatki un nome geografico, Kharshamat^{ki}, ma a questo si oppone l'apposizione "signore".

La seconda iscrizione proviene da Puzurishdagan, attuale Drehem, presso Nippur; è denominata *Wengler 22* ed è stata pubblicata da A. Deimel nel 1922.

Si tratta della registrazione di offerte animali da parte dei coloni militari di alcuni distretti. La data è registrata come giorno 3 del mese shu-esh-sha dell'anno 46 del regno di Shulgi, corrispondente al 2006 a.C. circa. Uno dei distretti da cui provengono le offerte è detto A-ra-mi^{ki} e doveva trovarsi non troppo distante da Eshnunna, citata nella riga precedente.

La terza è l'iscrizione *Keiser 159*, proveniente dallo stesso sito della precedente e pubblicata nel 1914 da C.E. Keiser; la datazione riporta ugualmente a Ur III, ma al quarto sovrano di questa dinastia, Shu-Sin. L'iscrizione nomina un certo A-ra-mu, il quale "ha preso a carico" trentatré pecore.

Nel 1953 A. Dupont-Sommer riprende lo studio sulle origini degli Aramei pubblicando l'articolo *Sur les débuts de l'histoire araméenne*. Prendendo le mosse dal suo precedente studio, lo amplia con due dei documenti già riportati da Moscati, *Wengler 22* e *Keiser 159*, sottolineando che ritiene estremamente plausibile la traduzione proposta del nome di persona contenuto nell'iscrizione *Keiser 159*.

A questi due testi, già felicemente illustrati da Shneider e Moscati, ne aggiunge altri, alcuni da Mari, altri da Ugarit; in questo caso non si tratta solo di antroponimi e di toponimi, ma anche di etnonimi.

Al primo gruppo preveniente da Mari appartiene una tavoletta dell'epoca di Zimri-Lim contenente una serie di nomi dei quali il primo è A-ra-mu. Della stessa provenienza e della stessa epoca sono tre tavolette che nominano un certo Akhlamu, un personaggio che prestava servizio presso la tavola del re. Questi nomi attestano una presenza aramaica tra la popolazione di Mari e addirittura alla corte del re.

Il secondo gruppo di documenti proviene da Ugarit ed è datato al XIV secolo. Su di una tavoletta, pubblicata da Thureau-Dangin nel 1940-1941, è inciso un inventario di armamenti e il nome dei proprietari per diverse città. In questa lista si legge: "bn.army.tt.qshtm.wq[l']", "figlio di Army: due archi e una fionda"; Army è un etnico che significa "Arameo". Thureau-Dangin ricorda che lo stesso nome è presente anche in un'iscrizione fenicia da Abido: "'bd' smn bn 'rmy".

Su di una seconda tavoletta, rinvenuta nel 1951, è inciso un contratto privato di vendita di una vigna per cinquantasette sicli d'argento. Il venditore e l'acquirente portano nomi hurriti: Akh-li-ia-nu e Bu-lu-zi-nu; tra quelli dei quattro testimoni, invece, compare il nome di Ar-me-ya.

Su di un terzo documento, un atto di donazione regale, figura un luogo detto "eqlêt^mesh a-ra-mi-ma", che sembra essere il plurale obliquo in –ima, propriamente ugaritico, di army e sarà quindi tradotto "campi degli Aramei". Questi documenti che riportano il nome di un'etnia sono molto importanti, perché è la prima volta che compaiono in un periodo così antico.

Come ultimo documento Dupont-Sommer riporta l'iscrizione di Naram-Sin pubblicata nel 1911 da Thureau-Dangin. Dopo aver citato le stesse interpretazioni che anche Moscati aveva riportato, conclude affermando che l'identificazione di Aram con il popolo aramaico o con qualche paese aramaico sia la più probabile.

A distanza di pochi anni, nel 1957, fu pubblicato il libro di J. Kupper *Les nomades en Mésopotamie au temps des rois de Mari*. Nella parte dedicata agli Aramei lo studioso tratta innanzitutto delle fonti assire: oltre alle iscrizioni di Tiglatpileser I e di Ashur-bel-kala, ricorda quelle di alcuni sovrani successivi. Adad-nirari II (909-889 a.C.) in un passaggio dei suoi annali definisce gli Akhlamu-Armaya "gente del deserto" e li menziona parallelamente al paese di Sukhi.

Compaiono di nuovo con Assurnasirpal II (883-859 a.C.), ma in altre vicende: il sovrano prende dapprima delle fortezze aramaiche nel paese di Nairi, presso il lago Van, per poi stabilirvi delle guarnigioni assire; successivamente narra di una deportazione in Assiria di cinquecento Akhlamu-Armaya della regione di Mardin-Diyarbakir.

Tiglatpileser III (745-727 a.C.) li combatterà per tutta la durata del suo regno, al di là dello Zab inferiore, sul confine meridionale dell'Assiria.

L'ultimo sovrano del quale riporta le testimonianze è Sennacherib (704-681 a.C.); nella sua settima campagna il re arriva fino alla frontiera elamita, dove occupa numerosi luoghi, la cui amministrazione affida al prefetto di Der, e si impossessa di alcune città tra le quali una è chiamata "Bit-Akh-la-me-e". Pur essendo questa l'unica menzione che il sovrano fa degli Akhlamu nei suoi annali, dichiara di aver "estirpato la totalità degli Akhlamu e dei Sutu". In realtà compariranno anche in seguito: una lettera indirizzata ad Assurbanipal e a suo fratello Shamash-shum-ukin parla di donne dette "Akh-la-mi-tú"; sono noti, inoltre, alcuni oracoli dello stesso re proprio in riferimento agli Akhlamu.

Riguardo alle origini degli Aramei l'autore prende ovviamente le mosse dalle due iscrizioni ormai note, *Wengler 22* e *Keiser 159*. Il primo documento è il testo pubblicato nel 1920 dall'assiriologo Deimel, nel quale, come si è già detto, sono elencati gli animali sacrificali condotti a Drehem e provenienti da Ash-nun^{ki} (Eshnunna) e da A-ra-mi^{ki}; in questo nome N. Schneider ravvisa un antico impianto costruito dagli Aramei nella regione del Tigri. Il secondo documento, all'incirca dello stesso periodo, è quel testo economico che menziona un funzionario chiamato A-ra-mu, nel quale lo stesso Schneider riconosce un arameo stabilitosi in Babilonia. Se questa interpretazione fosse corretta dovremmo ammettere che almeno certi gruppi di Aramei avrebbero oltrepassato l'Eufrate e il Tigri già in questo periodo, molto prima dunque della grande espansione dell'XI secolo a.C.

All'epoca della I dinastia di Babilonia, il nome Aramu era molto diffuso. Compare in una lista a Mari e in alcune tavolette da Alalakh è scritto A-ra-am-mu, ma sembra che sia solo una variante grafica (come A-ra-am-ma-ra e A-ra-ma-ra, di cui l'autore riconosce un'origine hurrita e la estende anche ad A-ra-mu).

Se questa datazione può sembrare troppo alta, due tavolette da Khafaja ci portano addirittura in età accadica, nell'anno in cui Naram-Sin riporta la vittoria su Simurrum e su A-ra-me^{ki}. Queste due località si trovavano, con tutta probabilità, abbastanza vicine fra loro e sono da collocare verosimilmente nella zona tra lo Zab inferiore e la Diyala.

L'altra tavoletta di Naram-Sin, pubblicata da Thureau-Dangin, è quella già citata da Moscati che riporta la vittoria del sovrano su Khar-sha-ma-at-ki, signore di A-ra-am e di Am, presso il monte Ti-ba-ar. Ricordiamo come l'editore del testo non creda che sia da mettere in relazione con gli Aramei, al contrario di E. Dhorme che lo identifica con l'"Aram dei due fiumi"; J. Lewy vi riconosce Armanum, localizzato presso l'Amano e citato altre volte da Naram-Sin; a sua volta Kupper critica gli studi precedenti, ritenendo che il nome di Aram non sia sufficiente a creare un legame con gli Aramei, ma non per questo scarta l'ipotesi di una presenza aramaica precedente all'età di Tiglatpileser I.

Una bilingue da Ras-Shamra, pubblicata anch'essa da Thureau-Dangin, menziona, come abbiamo già visto, un certo bn army, "figlio di Army" che l'editore non ha esitazioni nel rendere con l'etnico "arameo".

In un contratto privato dalla stessa città, A. Dupont-Sommer ha riscontrato l'etnico Ar-me-ya, così come in un atto di donazione il posto è detto eqlet^{mesh} a-ra-mi-ma tradotto come "campo degli Aramei" (nel secondo termine anche Kupper, così come Dupont-Sommer, riconosce una forma di plurale ugaritico trascritto in cuneiforme accadico).

L'ultimo documento che viene studiato, precedente alle iscrizioni di Tiglatpileser I, proviene da Dur-Kurigalzu ed è stato datato all'età di Adad-Nirari I (1305-1274 a.C.); si tratta di una lettera nella quale un funzionario assiro scrive che si combatte contro un gruppo di guerrieri Khi-ra-na, i quali si trovano per metà nelle città di Subartu e per l'altra metà a Sukhi e a Mari. Kupper associa questo dato con il nome di una tribù aramaica, Khi-ra-a-nu, della Bassa Mesopotamia identificandoli.

Moscati torna a scrivere di Aramei nel 1959, nell'articolo *The 'Aramean Ahlamu'*. L'opinione comune, diffusa tra gli altri studiosi, che vuole identificare le due unità o almeno considerare la seconda parte della prima, porta a ritenere come più antica storia aramaica le attestazioni sugli Akhlamu dei secoli XV-XII a.C.; questo termine viene, infatti, considerato, più che un nome proprio, un nome comune per "compagnia, confederazione", connesso all'arabo *akhlam*, plurale di *khilm* (J. N. Strassmaier, 1886; M. Streck, 1906); in questo modo gli Aramei altro non sarebbero che membri della confederazione degli Akhlamu.

Pur non condividendo queste posizioni, l'autore retrodata le attestazioni di questi due nomi al 1700 e anche più indietro, sulla scorta dello studio di Dupont-Sommer del 1953 che individua in tre tavolette di Mari il nome Akhlamu; Moscati ricorda poi come anche il nome di Aramu sia stato trovato nella stessa Mari.

Riprendendo il succitato studio di Kupper, Moscati ne sottolinea l'importante osservazione in base alla quale le coppie di nomi, del tipo Akhlamu-Aramei, sono un fenomeno abbastanza diffuso (Beniaminiti-Khanei; Sutu-Amorrei) e fornisce una duplice spiegazione: da una parte l'ignoranza, dall'altra la reale mescolanza di questi gruppi tra loro; questo è molto importante perché, pur confermando i contatti e le influenze reciproche, rende vana l'ipotesi di identificare gli Aramei con una parte degli Akhlamu. Ritengo che il fatto di trovare altre coppie di nomi debba portare al sospetto che non si tratti di un nome generico, altrimenti sarebbe stato utilizzato anche per altri gruppi, del tutto simili dal punto di vista etno-linguistico. A prova del suo pensiero critica anche il tentativo etimologico che sostiene quest'ipotesi: la radice araba khlm è molto rara e poco produttiva; consultando i vari dizionari si trovano i significati più disparati tra i quali "amico della donna" sembra essere quello cui si attinge per rendere il significato travisato di "amico, socio". Oltre a questo dato ne riporta altri di tipo morfologico; la parola accadica *akhlamu*, plurale *akhlamu*, non si trova in relazione all'arabo *khilm*: diversamente dall'accadico, ha un plurale *akhlam* dalla seconda *a* lunga.

Ritiene che i due termini siano dunque nomi propri indipendenti, pur avendo avuto questi gruppi, con tutta probabilità, dei contatti fra di loro.

P. Sacchi, in alcune pagine del suo articolo *Per una storia di Aram*, del 1959, studia a fondo l'iscrizione tratta da un ciclindro di Tiglatpileser I. Secondo Dupont-Sommer questo è il primo documento che attesta la sedentarizzazione degli Akhlamu, sulla base dell'interpretazione di *alanu* (plurale di *alu*) come città. In realtà questo termine può avere diverse sfumature e quindi indicare anche stanziamenti minori, come quelli precari dei seminomadi (tra l'altro nei testi di Mari, più antichi di sei secoli, si parla di *alanu* proprio in questa accezione). Anche la rapidità con cui le imprese si svolsero indica che non vi erano fortezze da espugnare, così come la fuga di queste genti nella steppa (*seru*) rappresenta l'unica difesa dei nomadi contro le armate nemiche: conoscono, infatti, la difficile praticabilità delle zone steppose per i sedentari, mentre essi sanno organizzarsi e portarsi dietro l'indispensabile per vivere con le loro famiglie. Se le cose stanno così, è certamente un'esagerazione del testo assiro il numero incalcolabile dei loro beni: a essere realmente numerose possono essere state al massimo le greggi.

Ancora P. Sacchi scrive nel 1960 *Osservazioni sul problema degli Aramei* in cui distingue innanzitutto gli Aramei della Bassa Mesopotamia e quelli dell'Assiria, per poi trattare distintamente degli Akhlamu.

Esaminando alcuni testi, l'autore vuole dimostrare che questa era una popolazione di tipo semi-nomadico che viveva ai margini della Mezzaluna fertile e il cui nome pare chiaramente semitico, al contrario di Aram.

Queste genti vengono menzionate per la prima volta nel XIV secolo a.C. In due lettere da Dilmun, mandate da un funzionario babilonese a un suo superiore, sono nominate e descritte come violente saccheggiatrici, che portano via datteri e non parlano di conciliazione. Sacchi crede di poter ravvisare in questo una specie di rivolta di operai e non le razzie di bande armate e, di conseguenza, un certo grado di convivenza tra l'elemento nomade e quello sedentario.

In questo periodo gli Akhlamu sono sempre messi in relazione al modo babilonese, non con un nesso di ostilità ma di simbiosi che porterà al loro assorbimento.

Del loro contatto con gli Assiri abbiamo notizia da Ashur-nirari I (1305-1274) che ricorda come il padre abbia conquistato il distretto degli Akhlamu e dei Sutu. Non ci sono elementi che possano aiutarci nella loro localizzazione, ma il fatto di trovarli associati ai Sutu, come anche nelle iscrizioni di fondazione, è prova del loro nomadismo.

Dai sovrani successivi, Salmanassar I, Tukulti-Ninurta I, le notizie geografiche sono un po' più specifiche, fino ad arrivare ai famosi annali di Tiglatpileser I. È con quest'ultimo re che gli Akhlamu diventano ᵐᵃᵗArmaya. L'autore ricorda che, oltre a chi sostiene una sostanziale equivalenza dei due termini, c'è chi, come Forrer e Rosenthal, non la accetta. E. Forrer nota che se esistono due nomi distinti menzionati anche in uno stesso contesto si tratta di entità differenti; poi però cade nell'incertezza e dichiara Aramei gli Akhlamu Armaya. In contrasto con Dupont-Sommer e Kupper, Sacchi considera artificiosa la soluzione dell'identificazione quanto quella della compenetrazione e dell'unità di sviluppo, con queste osservazioni: gli Ahlamu sono detti ᵐᵃᵗArmaya solo per un periodo di tempo determinato; gli Aramu sono descritti come sedentari, gli Akhlamu come nomadi; se i due popoli si fossero fusi avrebbero adottato un solo nome.

Per quanto riguarda il senso dei due termini, Sacchi considera Akhlamu il nome di un popolo, in quanto non derivato, mentre il secondo sarebbe un gentilizio derivato da Aramu, un aggettivo di appartenenza, intendendo il complesso dei due termini in questo modo: quella parte degli Akhlamu che si trova in relazione ad Aram. Riguardo al determinativo, nota che davanti ad Armaya e ad Aramu è sempre usato *mat*, mentre per Akhlamu è usato solo due volte, più spesso occorre *amel*, altre volte manca del tutto.

Oltre all'accezione del nome Aram rispetto al mondo babilonese e a quello assiro, Sacchi espone i testi nei quali il termine compare nel III millennio, riconoscendo subito la difficoltà di una ricostruzione chiara e lineare di questa "protostoria".

Il più antico testo riportato è quello di cui abbiamo già parlato, pubblicato da Thureau-Dangin e considerato una copia tarda dell'originale attribuito a Naram-Sin. Secondo Thureau-Dangin non c'è alcun legame tra questo Aram e quelli dei tempi successivi, mentre per altri studiosi, ad esempio Moscati, l'uguaglianza del nome deve far pensare a qualcosa in comune. Un secondo elemento di identificazione sarebbe quello tra i monti Tibar e i monti Tibal biblici che si trovano nella Siria settentrionale: ci sarebbe dunque una continuità geografica tra l'Aram del III millennio e quello del I millennio. Sacchi ritiene che questo sia molto probabile, ma crede d'altra parte che la lettura dei nomi del sovrano e del luogo non siano certi.

La lettura è invece certa nella tavoletta datata all'anno 46 di Shulgi (circa 2000 a.C.), pubblicata da Deimel e della quale si è già parlato sopra. Fu scoperta presso l'antica Eshnunna, a Puzurishdagan. Ricordiamo nuovamente che la sua importanza è dovuta alla citazione di un distretto chiamato Aram che doveva trovarsi vicino a Eshnunna; non si può mettere in relazione con l'iscrizione precedente: questo è riferito a una specie di villaggio allargato, quello a una regione. L'unica soluzione accettata dall'autore è quella proposta da Moscati: Aram era originariamente il nome di un popolo che si sparse in zone diverse perdendo coscienza dell'antica unità. Nel periodo successivo il nome compare a Drehem, a Mari, a Ugarit e ad Alalakh: sembra strano che non ci sia alcun legame tra queste genti e quelle che nel I millennio abiteranno la terra di Aram come sedentari.

Nel 1973 A. Malamat scrive un contributo, *The Aramaeans*, in *Poeples of Old Testament Times*. Egli ricorda la ormai ben nota iscrizione di Naram-Sin e i documenti da Drehem e cita i testi di Mari del XVIII secolo a.C., quelli di Alalah del XVII secolo e quelli di Ugarit del XIV secolo.

Rilevante è la menzione di due testi provenienti dall'Egitto: il primo è una lista di toponimi in cui è citato *Aram pa ir'mw*, come un sito della Siria e risalente all'età di Amenhotep III (prima metà del XIV secolo a.C.); il secondo documento è un'iscrizione di Merenptah, del 1220 a.C. ca.

Dopo aver riportato sommariamente questi testi, Malamat si sofferma ad analizzare le iscrizioni di Tiglatpileser I. La prima questione che affronta è l'accostamento dei due nomi Akhlamu-Armaya. Come già in passato era stato fatto da Kupper, ora anche Malamat osserva che la menzione di nomi a coppie è condivisa da altri gruppi tribali. Questa osservazione porta l'autore a sostenere la teoria secondo la quale uno dei due elementi, in questo caso Akhlamu, indichi il concetto generico di "nomade", di contro a quella teoria che identifica due gruppi diversi; questa convinzione è già stata presa in considerazione in precedenza e ne sono già stati delineati i punti deboli.

Una particolare attenzione da parte dell'autore è prestata alle origini degli Aramei all'interno della tradizione biblica. In Amos 9,7 il loro luogo di provenienza è considerato Kir; Malamat crede di poter situare questa località nei pressi dell'Elam, in base a Isaia 22,6. Altri passi dell'Antico Testamento (Amos, 1,5 e 2Re 16,9) riferiscono di questa città come il luogo di destinazione degli Aramei di Damasco, i quali hanno tenuto una cattiva condotta. Poiché in parallelo a questa menzione ci sono quella di Israele e dell'Egitto e quella dei Filistei e di Caphtor, lo studioso pensa che Kir sia città di provenienza e di esilio degli Aramei. In Genesi 10, 22-23, nella cosiddetta "Tavola delle Nazioni", Aram, come Elam e Asur, è considerato diretto discendente di Sem; questo dato riflette l'importanza che gli Aramei hanno assunto nel primo terzo del I millennio a.C. Ad Aram sono assegnati quattro figli: Uz, Hul, Gether e Mash, luoghi né identificati né localizzati.

Procedendo ancora cronologicamente, incontriamo Ran Zadok che, nel suo articolo del 1985 *Some Problems in Early Aramean History*, nota come il termine Akhlamu, molto diffuso nelle fonti del Medio Bronzo, compaia nel periodo medio-assiro solo a partire da Adad-nirari I (1307-1275 a.C.) e limitatamente alle iscrizioni regali; gli altri documenti utilizzano invece il termine più antico di Sutu; si tratterebbe dunque di una possibile identificazione ulteriore, quella tra gli Akhlamu e i Sutu, ma che bisogna, ovviamente, valutare più a fondo. Queste tribù semitiche occidentali solo raramente sono specificate: si parla dei nomadi della terra di Iauru e dei Khiranu (che ritroviamo mezzo millennio dopo come una tribù aramaica residente in Babilonia). Zadok non riconosce nei nomi degli individui forme tipicamente aramaiche, ma alcuni di essi sono chiaramente amorrei. Egli ricorda poi come la prima testimonianza chiara e certa sugli Aramei sia quella dell'iscrizione di Tiglatpileser I del 1112 a.C., dove è narrata la ben nota campagna a sud del medio Eufrate, presso il monte Bishri; questa narrazione contiene due importanti elementi topografici aramaici: gab'ani e mudab(b)iru; di qui la supposizione che nel compilare certe iscrizioni reali venivano utilizzati i diari delle campagne di guerra.

Nel 1987 W. T. Pitard, riaprendo il problema dell'etimologia, cita le diverse posizioni a lui precedenti in *Ancient Damascus*. Dopo aver ricordato come più antiche attestazioni quella di Amenhotep III (*pa ir'mw* nella lista di luoghi incisa sulla base della statua del faraone in un tempio a Tebe), le iscrizioni di Tiglatpileser I e quella di Ashur-bel-kala (nell'iscrizione dell'"Obelisco spezzato" racconta delle battaglie tra l'Assiria e i soldati della terra di Aram, KASHKAL sha KUR arimi), espone le varie interpretazioni.

La prima è quella tradizionale che associa il termine alla parola araba *khilm*, pl. *akhlam*, conferendogli il significato di "confederazione" di tribù nomadiche. Gli Aramei sarebbero parte di questa confederazione e ciò spiegherebbe i riferimenti agli Akhlamu-Armaya. A questa contrappone quella, già esposta, di Moscati. Una terza posizione è assunta da J. Brinkman, il quale porta avanti la discussione non accettando le argomentazioni di Moscati che vede in Akhlamu un nome proprio di un gruppo tribale. Egli enfatizza le relazioni tra i due termini Akhlamu e Aramu, non solo ricordando il doppio nome Akhlamu-Armaya, ma anche attraverso il più tardo uso di Akhlamu, nei testi accadici, come appellativo di "aramaico" e di "arameo". Questo, a mio parere, indica che si è verificata una trasformazione nel significato di questo nome in età tarda. Infine, l'Antico Testamento e le leggende in esso conservate sulle origini di queste genti: nelle genealogie Aram compare una volta come uno dei figli di Sem (Gn. 10,22), un'altra volta come nipote di Nahor, fratello di Abramo (Gn. 22,21).

Nel 1989 Glenn M. Schwartz scrive un articolo intitolato *The origins of the Aramaeans in Syria and Northern Mesopotamia: Research problems and potential strategies*.

In questo scritto l'argomento studiato è affrontato in maniera differente rispetto ai precedenti studi fin qui riportati. Pur ricordando che esistono testi contenenti nomi di persona e di luogo riconducibili ad "Aram", lo studioso ritiene che siano poco significativi per uno studio sugli Aramei del tardo II millennio: la prima testimonianza rilevante è quella degli annali di Tiglatpileser I, seguita da quelle di Ashur-bel-kala e dei suoi successori fino ad arrivare ad Adad-nirari II (911-891 a.C.).

Quel che sembra più interessare l'autore è lo studio delle origini degli Aramei da un punto di vista economico e sociale. Nelle testimonianze "più antiche" gli Aramei compaiono sempre come praticanti un nomadismo pastorale. La campagna più antica di Tiglatpileser I contro di loro si svolge nel deserto stepposo e arido lungo l'Eufrate, da Sukhu a Karkemish, mentre quelle successive avranno luogo nel deserto siriano. Adad-nirari II li chiama "genti della steppa". La natura del territorio e la mobilità di queste genti implica un modo di sussistenza di tipo nomadico-pastorale. A questo punto si contrappongono due correnti interpretative: da una parte quella che li vede come popoli provenienti dal deserto e travolgenti le zone dei sedentari, dall'altra quella che pensa a una interazione e a una certa mistura tra nomadismo pastorale e sedentarismo agricolo di diversi gruppi. La zona siriana è tradizionalmente legata a una pastorizia di pecore e capre, mentre un'ipotesi di nomadi cammellieri è basata su prove esili e insufficienti.

L'opinione di Schwartz riguardo al termine "Aramei" è questa: egli crede che sia semplicemente una nuova designazione etnica per nomadi pastori di pecore e capre che agivano nelle regioni dell'Eufrate e del Khabur, così come quelli dei secoli precedenti, Amorrei, Sutu e Akhlamu. Lo studioso nota un declino del termine "Akhlamu" proprio nel momento di ascesa del termine "Aramei"; pensa quindi che le attestazioni tarde del primo nome portano in sé non più una connotazione etnolinguistica, ma una designazione generica di "nomade".

Ran Zadok riprende i suoi studi sulle origini degli Aramei pubblicando nel 1991 *Elements of Aramean Pre-History* per l'Università di Gerusalemme.

Lo studioso suddivide la storia antica degli Aramei in due periodi iniziali: il primo periodo è quello preistorico che termina nel 1111 a.C., quando l'etnonimo "arameo" compare in modo certo in un contesto storico. Il secondo periodo è quello protostorico che ha fine nel 912, anno dell'ascesa al trono d'Assiria da parte di Adad-nirari II che dà inizio alla disgregazione dei territori aramaici. Il primo periodo è quello dei seminomadi semiti occidentali (Akhlamu, Sutu), generalmente indifferenziati dal punto di vista etno-linguistico, considerati precursori degli Aramei per il fatto di trovare nelle iscrizioni di Tiglatpileser I il nome composto di Akhlamu-Armaya (Aramei seminomadi), sostituito in seguito, come si è già detto, dal semplice Armaya, se si esclude qualche eccezione.

Il termine Akhlamu compare come gentilizio sin dal regno di Rim-Anum, alla metà del XVIII secolo a.C. nel nord della Babilonia, mentre come antroponimo lo troviamo decenni prima a Mari. Un toponimo A-ra-mu[ki] compare a Ebla nel III millennio, ma si tratta probabilmente di un nome hurrita di qualche sito dell'Alta Mesopotamia.

Lo studioso considera dubbi anche degli antroponimi e delle attestazioni provenienti da Ugarit, che saranno analizzati altrove. Gli unici dati che è opportuno ricordare qui sono quelli egiziani studiati da E. Edel e già riportati precedentemente: l'iscrizione di Amenhotep III (1391-1353 a.C. ca.) e il papiro Anastasi III (1210 a.C. ca.); se l'interpretazione di Edel è corretta, cioè se *pa ir'mw* si trovava nel sud della Siria, presso la Beqaa o l'oasi di Damasco, allora si può anticipare la penetrazione aramaica in Siria di circa un secolo rispetto alla datazione fornitaci dalle altre fonti.

I Sutu e gli Akhlamu sembrano essere identici per alcuni tratti agli Amorrei, tanto che S. A. Kaufman ha considerato la possibilità di una filiazione aramaica da parte amorrea, la quale si sarebbe verificata nell'ultimo quarto del II millennio a.C. L'aramaico si è forse sviluppato da uno dei dialetti amorrei parlati tra l'Alta Mesopotamia e la Siria, o quanto meno è stato influenzato da un ampio sostrato amorreo. Purtroppo la povertà della documentazione sia dell'amorreo sia dell'aramaico antico impedisce delle comparazioni lessicali, morfologiche e fonologiche.

M. J. Teixidor scrive nell'annuario del *Collège de France* una sintesi del lavoro svolto durante il corso del 1999-2000. Ciò che qui più interessa è la seconda parte di questo riassunto, nella quale sono scanditi in ordine cronologico i diversi momenti della storia degli Aramei.

Dal XIV-XIII secolo a.C. compaiono in Siria e in Palestina gruppi di seminomadi, dei quali conosciamo dei nomi in egiziano e in accadico.

Nel II millennio i termini Akhlamu e Sutu si confondono; nel momento in cui quella hittita inizia a essere una delle principali potenze del Vicino Oriente, gli Akhlamu si affiancano a essa; il territorio di Emar si trova sotto la dominazione hittita e l'80% dei nomi qui sono semitici occidentali.

Da Emar proviene una coppa d'oro fatta fare da Pilsu-Dagan per il dio Baal; essa reca una dedica nella quale è detto del dedicatario: "re della città di Emar, re degli uomini del paese di Kiri", secondo l'interpretazione di Arnaud, con un chiaro riferimento ad Amos 9,7; questo avrebbe testimoniato uno spostamento di genti dal nord della Siria verso il sud, ma la seconda parte di questa frase è stata tradotta da Durand in un altro modo: "re delle tribù hurrite"; lo studioso fa di questo re l'avversario del re di Emar.

La preistoria aramaica dovette aver origine in Mesopotamia e nel nord della Siria, ma la più antica menzione certa è quella degli Akhlamu Armaya del testo di Tiglatpileser I, dove, secondo l'autore, il primo elemento indica genericamente l'elemento seminomade, mentre il secondo il nome dell'etnia. Nel I millennio i due termini vengono utilizzati interscambiabilmente, ma da questo non si può saltare alla conclusione che i due nomi siano equivalenti.

Teixidor non propone alcuna interpretazione propria riguardo all'etimologia del nome "Aram", ma si attiene all'ipotesi di Edel, che situa la zona citata nel papiro Anastasi III presso Canaan, forse nella valle della Beqaa, e di Zadok, che in base a Edel pensa a una penetrazione aramaica in Siria ben prima della fine del II millennio a.C.

Con il passare del tempo il termine Armaya sostituisce del tutto quello di Akhlamu, non indicando più soltanto l'etnia, ma anche la lingua aramaica nei testi accadici, fino all'epoca persiana e seleucide.

Attualmente ci separano, e al contempo ci legano, circa sessanta anni di lavoro da quel libro di Dupont-Sommer, *Les Araméens*, che nel '49 pose le basi per i successivi studi sulla cultura aramaica.

La storia degli studi è necessaria per conoscere la strada percorsa dalla ricerca e per comprenderne i risultati; ora è opportuno riprendere i diversi elementi costitutivi delle trattazioni riportate sopra, esporli in senso diacronico e rilevarne gli sviluppi: in questo modo si potrà giungere ad alcune considerazioni che saranno conclusive rispetto allo stato degli studi e preliminari alla presente indagine.

Il primo di questi aspetti è rappresentato dalle fonti. Dupont-Sommer prende le mosse dall'Antico Testamento, ma con il tempo esso sarà relegato in uno spazio minore o a sé stante rispetto agli altri documenti, dato il suo carattere allusivo e parziale, per lasciare campo soprattutto alle numerose fonti assire; rappresentano un'ovvia eccezione quelle trattazioni incentrate sui popoli della Bibbia (Malamat) o in specifica relazione a essa.

Gli studi successivi a questo, soprattutto quelli dell'inizio degli anni '50 (Moscati, 1951; Dupont-Sommer 1953), aggiungono nuovi dati alla ricerca, espandendosi nel tempo fino all'età accadica e nello spazio nella Babilonia, nell'Alta Mesopotamia, a Ugarit e fino all'Egitto. Un ruolo di primo piano sarà costantemente occupato dagli annali e dalle iscrizioni assire: da un lato perché sono considerate fonti certe che inseriscono gli Aramei in un contesto storico preciso e concreto, dall'altro per la loro integrità.

Molti tentativi sono stati fatti per dare una spiegazione etimologica ai due nomi Akhlamu Armaya contenuti negli annali di Tiglatpileser I, ma non si è giunti a una conclusione certa; si è parlato di identificazione di due gruppi che hanno assunto un doppio nome: fatto storicamente probabile, se non fosse che anche altri gruppi nomadici vengono accoppiati nella denominazione portando il sospetto, a mio parere, che si trattasse più di una mescolanza poco definibile piuttosto che di una identificazione. Si è poi parlato di un concetto generico di "nomade" o di "associazione, confraternita" per Akhlamu e di un etnico per Armaya: anche questa potrebbe essere una soluzione, ma allora si sarebbe dovuto utilizzare il termine Akhlamu anche per gli altri gruppi dei quali si è detto prima. Tra le altre cose questo tentativo etimologico si basa su affermazioni che Moscati ha felicemente confutato.

Occorre necessariamente indagare più a fondo sulla "storia" di questi due nomi, in tutte le epoche, a partire dall'età accadica (sembra che ci abbia lasciato le testimonianze più antiche), e in ogni accezione, senza tralasciare neppure quelle testimonianze che hanno dato adito a dubbi e discussioni, come nel caso dei dati onomastici più antichi.

Si presenta poi un problema propriamente storico e cioè verificare i supposti spostamenti di queste genti dal deserto siriano verso le terre abitate, nel corso della storia, fino alla formazione degli stati aramaici di Siria. Si verificò una grande invasione o piuttosto si trattò, come credo, di una lenta infiltrazione verso le zone sedentarizzate, avvenuta forse dopo un periodo di reciproca tolleranza e di una certa convivenza tra i due elementi?

Il quadro che ci viene offerto dalla documentazione risulta più nitido con il passare dei secoli, tanto che è evidente la necessità di distinguere tra gli Aramei successivi al 1100 a.C. ca. e le menzioni del termine "Aram" nelle età precedenti. La necessità di questa precisazione nasce dalla natura non ancora chiara di queste attestazioni; nel corso delle ricerche raramente si sono potute constatare situazioni di accordo tra gli studiosi, tra coloro che non riconoscono in quei nomi dei legami con gli Aramei più tardi e coloro che, invece, credendo in questi legami, dibattono su aspetti più propriamente linguistici.

A complicare la posizione di questi dati e ad accrescere le difficoltà di una ricostruzione della storia aramaica più antica contribuiscono i diversi significati che il nome "Aram" assume; si tratta a vote di un antroponimo, a volte di un toponimo non meglio definito geograficamente. In tutto questo quel che più colpisce è l'ampiezza della diffusione degli "Aramei" sia nel tempo che nello spazio. D'altra parte, personalmente, credo che se la relazione con gli Akhlamu sia realmente così stretta come si pensa, allora lo stesso tipo di ricerca debba essere svolto approfonditamente anche per questo secondo termine.

II.

Fonti

Dopo aver percorso la storia degli studi, il secondo passo da compiere in questa indagine sull'origine degli Aramei consiste nella ricerca e nello studio delle fonti.

Esse sono distinte in due categorie: le fonti dirette, rappresentate dalle iscrizioni aramaiche antiche; le fonti indirette che comprendono le iscrizioni assire, l'Antico Testamento e altri documenti provenienti da varie zone del Vicino Oriente.

Gli annali di Tiglatpileser I (1114-1076 a.C.) contengono un brano che narra di una sua spedizione contro quelli che chiama Akhlamu-Armaya. Questo documento risponderebbe alle caratteristiche che in una fase iniziale di studio sono le più appropriate: gli annali di questo sovrano sono, infatti, fonti dettagliate e ben articolate, dotate di una certa struttura e integrità testuale e contengono quella che è considerata la più antica menzione degli Aramei. Tuttavia, ritengo indispensabile, nella nostra ricerca, anticipare alle fonti reali assire i testi riguardanti gli Akhlamu e quelli contenenti il nome Aram precedenti Tiglatpileser I, a causa del legame che sembra connettere questi due elementi agli Aramei successivi offrendo un'idea di continuità. Esporremo quindi tutte le fonti contenenti questi due termini per giungere finalmente a Tiglatpileser I.

1- Testi contenenti il nome Aram

Quella che segue è l'iscrizione accadica pubblicata da Thureau-Dangin nel 1911. In base alla lettura data dal suo editore sembrava che essa contenesse la più antica menzione del toponimo Aram, mentre dopo molti anni e dibattiti questa lettura si è dimostrata errata. Tuttavia, ritengo interessante riportare il testo e i commenti che a esso seguirono, come già fatto parzialmente nel precedente capitolo, per mettere in evidenza come negli anni gli studiosi si siano affaccendati su di essa giungendo a volte a sostenere tesi prive di concretezza, ma anche per amore di tradizione, perché ha "sempre" costituito il punto di partenza nelle precedenti ricerche sulle origini aramaiche.

Nel 1911 Thureau-Dangin pubblica dunque questa nota iscrizione di Naram-Sin (2254-2218 a.C.), riproducente un testo inciso su di una statua del re nel tempio di Enlil a Nippur: per questa ragione l'editore pensa che si tratti di un testo a uso scolastico.

> Naram-Sin, re delle quattro regioni, quando combatté contro Kharshamatki, signore di Aram (A-r[a]-am) e di Am, nei monti Tibar lo sbaragliò. Egli fabbricò la propria immagine, poi la dedicò a Enlil. Chiunque distruggerà questa iscrizione, che Shamash e (tale dio) sradichino le sue fondamenta e inoltre sopprimano la sua stirpe.

L'editore rileva subito la presenza del nome Aram, ma ritiene poco probabile un collegamento con gli Aramei.

Nel 1928 Dhorme tenta di identificare i luoghi nominati nell'iscrizione: Aram, Am e i monti Tibar. Propone una corrispondenza tra Aram e la regione Aram Naharaim biblica, ovvero la regione di Kharran; con qualche riserva fa corrispondere Am con Ham di Gn. 14,5: le sue incertezze sono dovute alla lontananza geografica tra la regione transgiordanica del 'Aglun e il Tauro; per Tibar pensa ai Tibarenoi del paese di Tabal dei testi cuneiformi posteriori, l'ebraica Tubal, che si trovava tra la Cilicia e la Melitene; i monti Tibar potevano dunque trovarsi nel Tauro.

Nel 1929 Hrozny', d'accordo con Dhorme sull'identificazione dei monti Tibar, si esprime per un collegamento tra Aram e gli Aramei, i quali, pertanto, già nel III millennio a.C. dovettero fare la loro comparsa in Siria e in Mesopotamia, anche se in modo sporadico. Riguardo ad Am propone una coincidenza con lo stesso nome delle fonti egizie che, nell'Antico Regno, indica i popoli asiatici.

Nel 1935 Gelb dissertando attorno alla località di Armanum afferma che essa è menzionata nella nostra iscrizione e spiega che "Aram:Armanum=Am:Amanum", riconoscendo quindi in Aram e Am dei nomi abbreviati; per quello che sembrava essere il nome del sovrano propone un toponimo, Harsamat[ki]. In particolare ricordiamo che riconosce nel nome Armanum il corrispondente dell'assiro Halman, cioè Aleppo; questa ipotesi è stata poi abbandonata a causa delle difficoltà linguistiche e per il fatto che questo toponimo assume questa corrispondenza solamente in un testo di Salmanassar III, mentre altrove compare come Halab.

Del III millennio a.C. è anche una tavoletta eblaita appartenente al periodo del secondo re della dinastia di Ebla, Irkab-Damu. Si tratta di una tavoletta scolastica, probabilmente una sorta di Atlante della Fertile Mezzaluna; essa elenca 289 città dislocate in tutta l'area del Vicino Oriente, delle quali purtroppo molte sono impossibili da localizzare. La lista più che una sequenza geografica sembra tener conto della somiglianza dei nomi. Uno di questi toponimi è *a-ra-mu^{ki}*.

Proseguendo in ordine cronologico, troviamo l'iscrizione Wengler 22, pubblicata da Deimel nel 1920. Proveniente da Puzurishdagan (attuale Drehem), vicino a Nippur, è datata al 46° anno di regno di Shulgi (2094-2047 a.C.) quindi al 2049 a.C. Essa contiene una enumerazione di animali donati per i diversi santuari del regno da parte di coloni: alcune traduzioni recano per il termine *erin* la dicitura "coloni militari", ma in realtà non è affatto certo che sia questo il reale significato della parola, per cui preferisco usare il semplice "coloni". Anche in questo caso riscontriamo un toponimo: A-ra-mi^{ki}.

> 6 buoi, 40 pecore, 20 capri, [da] i coloni di Ash-nun^{ki}
> 6 buoi, 52 pecore, 8 capri, [da] coloni di A-ra-mi^{ki}
> 6 buoi, 42 pecore, 18 capri, [da] i coloni di Kash-da-nun^{ki}
> guida [era] A-khu-ni

Il rovescio dell'iscrizione contiene un elenco di offerte portate da singoli individui dai nomi accadici, eccezion fatta per uno di essi.

Il primo toponimo è quello di Eshnunna, città che si trovava nella valle della Diyala, e il nome del conduttore delle bestie, A-khu-ni, è accadico; Moscati crede che probabilmente il secondo luogo nominato doveva trovarsi non molto lontano da questa città, in regione accadica, sul basso Tigri. Per il terzo toponimo non è stata proposta un'identificazione. Certamente il nome Arami è connesso ad Aram, essendo il suffisso –i una terminazione comune a molti luoghi di questa regione.

L'iscrizione Keiser 159 (così detta perché pubblicata in disegno nel 1914 da Keiser con il numero 159), proveniente anch'essa da Puzurishdagan, risale all'epoca di Shu-Sin (2037-2029 a.C.).

Retto
180 …
24 stambecchi? … [a] Gu-ni-ni
15? Stambecchi? [a] Ba-ir
8 agnelli …
260
di questo [totale]

Verso
33 pecore [da] Ur-shum?
2 capri [da] Ba-ir
1 capro [da] Ur-^{d}En-lil-la, portiere
1 capro [da] E-wa-na-a
182 pecore Ma?-i-li ha preso a carico
227

usciti
33 pecore …
A-ra-mu ha preso a carico
mese dodicesimo
anno in cui Shu-Sin, re
di Ur …

Dunque, dopo i due toponimi contenuti nei testi precedenti qui il nome A-ra-mu è un antroponimo e, come ricorda Moscati, non è un nome sumerico.

Da Mari (attuale Tell Hariri), situata sul medio Eufrate, proviene una tavoletta di Zimri-Lim (1780-1758 a.C.) che registra una serie di nomi:

A-ra-mu, Belí-an-dúl-li, La-ba (?)-ab, Ia-at-nu, ^dShamash-a-bi, A-bi-E-ra-akh, Bur-^dMa-ma, Ì-lí-^dAddu, Sú-mu-khu-um, I-din-Ka-ak-ka.

Il primo nome è il medesimo dell'iscrizione Keiser 159.

Alcuni dei documenti rinvenuti ad Alalakh presentano dei nomi di persona formati da una radice *aram*. I primi tre qui riportati provengono dal livello VII (XVIII secolo a.C.).

Ammitaku, il re presta ad Arammu (A-ra-am-mu) un telaio, (?) sicli d'argento.

Arammu (A-ra-am-mu) vende 1 iku del suo vigneto a Wari-musa a prezzo intero.

1 mana 6$^{2/3}$ sicli d'argento sono stati prestati da 2 commercianti illegali alla presenza di Arama (A-ra-ma).

Aria prende a prestito 4 sicli d'argento da Aramusuni (A-ra-ammu-su-ni).

Sono attestati alcuni nomi hurriti del XV secolo derivanti da una radice *aram*: *A-ra-am-mu-su-ni* che troviamo su una tavoletta da Tell Atshanah e *A-ra-mu-uẓ-ni* a Nippur. Esiste anche un nome composto *A-ra-am-pa-te*.

L'iscrizione bilingue proveniente da Ugarit (attuale Ras-Shamra), città della Siria settentrionale, è datata al XIV secolo a.C. e riporta una lista di nomi associati a delle armi, archi e fionde, come in una sorta di inventario.

Figlio di Army (Bn.Army): due archi e una fi[onda].

Il nome Army è stato interpretato come un etnico. Thureau-Dangin ha rilevato la presenza delle stesse parole (bn army) in un'iscrizione fenicia proveniente da Abido.

Una seconda tavoletta rinvenuta a Ugarit nel 1951 è un contratto privato di acquisto di una vigna a 57 sicli d'argento. I due personaggi stipulanti l'accordo presentano nomi di origine hurrita, Bu-lu-zi-nu e Akh-li-ia-nu; oltre a questi compaiono i nomi di quattro testimoni: Te-sha-ma-nu, En-ta-sha-lu, Be-ia-nu (?) e Ar-me-ya. Si incontra dunque quello che secondo Dupont-Sommer è un altro etnico.

Nel 1952, ancora una volta dagli scavi di Ugarit, riemerse un'altra tavoletta; essa rappresenta un atto di donazione regale, in cui alla linea 10 è scritto:

eqlet^{mesh} a-ra-mi-ma.

Si potrebbe trattare di un plurale obliquo, propriamente ugaritico, in –ima, suffisso alla parola army, e renderlo con "campi degli Aramei".

Dupont-Sommer segnalò una nuova tavoletta trovata nello stesso anno e nella stessa città della precedente; si tratta di una lista di funzionari, nella quale compaiono due personaggi denominati *Ar-mu-nu*. Alcuni dubbi su una possibile attinenza di significato con le altre iscrizioni sono recati dalla presenza del suffisso –unu in luogo di –anu.

In un tempio funerario di Tebe, incisa sulla statua D di Amenhotep III (1391-1353 a.C. ca.), si trova una lista di toponimi; tra questi uno denominato *pa ir'mw* che si dovrebbe trovare in Siria, forse nella valle della Beqaa. Il suffisso –w è forse un nominativo semitico; ma un dato è interessante: come determinativo fu utilizzato quello dell'uomo, non quello del luogo.

Un secondo documento egizio è costituito dal Papiro Anastasi III del faraone Merenptah, datato al 1210 a.C. ca. Questo testo contiene il nome di una regione detta p' 'rm che forse era situata in Canaan.

2- Testi contenenti il nome Akhlamu

Per proseguire la nostra indagine, occorre individuare, in ordine cronologico, tutte le attestazioni che, ancora una volta al di fuori delle iscrizioni reali assire, contengano il nome Akhlamu.

La più antica citazione degli Akhlamu è della metà del XVIII secolo a.C.; si tratta di un testo datato al periodo di Rim-Anum, in cui sono menzionati come Akhlamu (akh-la-ma-ia) messaggeri.

Seguendo l'ordine cronologico troviamo tre tavolette provenienti da Mari e appartenenti all'età di Zimri-Lim (1780-1758 a.C.), come è chiaramente detto nei testi.

I
11 qa di olio
(io) Akhlamu ('Akh-la-mu)
ho ricevuto
per il pasto del re.
Mese di Urakhim,
il 16° giorno,
l'anno in cui Zimri-Lim
la statua del dio Khata
ha innalzato.

II
6 qa di olio
(io) Akhlamu ('Akh-la-mu)

ho ricevuto
per il pasto del re.
Mese di Belet-biri,
il 30° giorno,
l'anno in cui Zimri-Lim
la statua del dio Khata
ha innalzato.

III
40 (qa di) olio
(io) Akhlamu (Akh-la-mu)
ho ricevuto
per il pasto del re.
Mese di Belet-biri,
il 20° giorno,
l'anno in cui Zimri-Lim
(la città di) Dur-Yakhdulim
ha costruito.

Questo personaggio, detto Akhlamu, prestava dunque servizio alla corte stessa del re.

Del XIV secolo a.C. sono due lettere da Dilmun datate al 1370 a.C. ca., del tempo di Burna Buriash. Sono indirizzate da un certo Ili-ippasra al suo superiore Ililiya, un alto ufficiale governativo in Babilonia. Cornwall lo identifica con Ellil-Kidinni, governatore di Nippur sotto Burna-Buriash e sotto Kurigalzu III nel suo primo anno di regno.

... Intorno a me gli Akhlamu (Akh-la-mu-u) hanno portato via i datteri,
così riguardo a me non c'è niente che io possa fare.
Ma una singola città non si può permettere di rimanere saccheggiata.

...
Gli Akhlamu (Akh-la-mu-u)
certamente parlano
a me
solo di violenza
e di saccheggio;
di conciliazione
essi non parlano
con me.
Il signore mi ha incaricato
di chiedere loro,
ma essi non accondiscendono.

Certamente gli Akhlamu non avranno arraffato i datteri velocemente per poi fuggire via, ma li avranno raccolti, preparati e stipati sulle imbarcazioni da condurre verso il continente; questa situazione indica che l'autorità dei ministri di Babilonia doveva essere alquanto inefficace su di loro. Dal punto di vista geografico non può non destare una certa sorpresa e molto interesse trovare in età cassita gli Akhlamu nel Bahrein.

Allo stesso periodo appartiene una lettera, purtroppo frammentaria, appartenente all'archivio di Tell el-Amarna, scritta forse da un gruppo di vassalli al faraone:

[Al re mio signore,
mio dio, mio sole], dì:
messaggio dei tuoi servi.
Sette e sette volte noi ci gettiamo
ai piedi del re mio signore.
Ecco cosa abbiamo udito:
[...] gli Akhlamu
[...] il re di Karduniash
[...] e gli Akhlamu

[…] da mangiare
[… il re] mio signore
[…] non sono usciti
[…].

Per la menzione di un non meglio specificato re di Karduniash, Dupont-Sommer propone di situare geograficamente questi Akhlamu lungo l'Eufrate.

L'ultima attestazione è rappresentata dalla lettera scritta da Khattushili III a Kadashman-Enlil III nel 1275 a.C. Dapprima racconta al destinatario:

Ho smesso di mandare messaggeri perché gli Akhlamu sono ostili.

Successivamente lo rimprovera in maniera sarcastica:

Quale è la ragione per la quale mio fratello ha smesso di mandare i tuoi messaggeri, a causa degli Akhlamu? (…) nel paese di mio fratello ci sono più cavalli che paglia. Dovrei inviare io un migliaio dei miei carri per incontrare i tuoi messaggeri a Tuttul?

Dunque le rotte tra Khatti e Babilonia erano rese insicure dalla presenza degli Akhlamu.

3- Testi assiri sugli Aramei

Adad-nirari I (1305-1274 a.C. ca.), con il quale diventano più numerosi i documenti scritti rispetto al passato, racconta come gli Akhlamu abbiano svolto, durante il regno di suo padre, il re Arik-den-ilu, il ruolo degli alleati dei nemici di Assur, qui associati ad altri due gruppi, *Sutu* e *Yauru*.

Figlio di Arik-de-ilu, governatore del dio Enlil, vice-reggente di Assur, conquistatore della terra dei Turukku e della terra di Nigimhu nella sua intera estensione (così come di) tutti i governatori delle montagne e delle colline dell'esteso distretto dei Qutu, conquistatore della terra dei Katmukhu e di tutti i suoi alleati, le orde degli Akhlamu, Sutu, Yauru, insieme alle loro terre (gu-un-nu akh-la-mì-i su-ti iu-u-ri ù KUR.KUR-su-mu), estensore dei confini e delle linee di confine.

In questo testo l'unica indicazione geografica identificabile è quella di *Katmukhu*; questa terra, che non era mai stata menzionata prima di questo sovrano, si doveva trovare, con tutta probabilità, sulla riva ovest del Tigri, a ridosso dell'Assiria settentrionale, al di sotto dei monti Kashiari.

Salmanassar I (1273-1244 a.C. ca.) ci ha lasciato dei racconti molto dettagliati riguardanti le sue campagne militari; essi si trovano su tavolette di alabastro, purtroppo ora frammentarie, da Assur. In questo brano gli Akhlamu compaiono come alleati di Khanigalbat, insieme agli Hittiti:

Quando, per il comando dei grandi dei (e) con la forza esaltata di Assur, mio signore, ho marciato verso la terra di Khanigalbat, ho aperto i più difficili sentieri (e) passi. Shattuara, re della terra di Khanigalbat, con l'aiuto delle truppe degli Hittiti e degli Akhlamu (akh-la-mi-ì), ho preso i passi e gli abbeveratoi (nel) mio (passo). A causa della sete e della fatica delle mie truppe, le loro truppe hanno fatto un feroce attacco in forza. Ma io ho controbattuto e ho procurato la loro sconfitta. Ho massacrato senza numero le loro truppe estese. Quanto a lui, lo ho inseguito verso ovest con punte di frecce. Ho massacrato le loro orde (ma) 14.400 di loro sopravvissuti ho accecato (e) portato via. Ho conquistato nove dei loro centri di culto fortificati (così come) la città in cui regnava e ho trasformato centottanta delle loro città in colline di rovine. Ho macellato come pecore le truppe degli Hittiti e degli Akhlamu (akh-la-mì-i), loro alleati. A quel tempo ho preso le loro città (nella regione) da Ta'idu a Irridu, tutti i monti Kashiari alla città di eluhat, la fortezza di Sudu, la fortezza di Kharranu a Karkemish che è sulla riva dell'Eufrate, Sono diventato governatore sulle loro terre e ho dato fuoco al resto delle loro città.

In questo testo la zona geografica è quella delle terre settentrionali di Khanigalbat, prospicienti i monti Kashiari.

Una tavoletta di alabastro, proveniente da Assur, porta incisa questa iscrizione di Tukulti-Ninurta I (1243-1207 a.C. ca.):

Ho portato sotto un solo comando le terre di Mari, Khana, Rapiqu e le montagne degli Akhlamu (sa-da-an akh-la-mì-i), le terre di Hargamush, Muqanash, Bit-Maqqi, Bit-Qulla, Akriash, Sikkuri, Huzush, Turnasuma, Hashshiluna, Shada, Sappani, Tursinuhlia, Duri, Uzamiya, Harnaphi, Kurdishshe, Ulayash, Ulmuyash, Hussaush, Ezaush, Damnaush, Arinni, Birite, Arraphi, Kurbata, Agalishna, Shadappa, Kamzikla, Kammarash, Elure, Kammenza, Albada, Sikapda, Shabila. Essi regolarmente hanno portato il tributo della loro terra e il prodotto delle loro montagne alla mia presenza.

Le prime tre località menzionate sono dislocate lungo il corso dell'Eufrate: Mari nella zona centrale; Hana poco più a settentrione, presso l'antica Terqa; Rapiqu presso il confine settentrionale della Babilonia. Le montagne degli Akhlamu non sono specificate e non recano connotazioni che possano portare a una identificazione; solamente il contesto geografico può essere d'aiuto e ha portato gli studiosi a pensare a Gebel Bishri.

La seguente iscrizione di Ashur-resh-ishi (1132-1115 a.C. ca.) è stata ricostruita da frammenti provenienti da Ninive:

... uccisore delle truppe estese degli Akhlamu (akh-la-mi-i) (e) dispersore delle loro forze, il solo che, al comando del dio Ninurta – il più valoroso degli dei -, sopra e sotto, ha sconfitto le terre di [...], i Lullumu, tutti i Qutu e la loro intera regione montagnosa e ha sottomesso loro ai suoi piedi.....

In questo brano gli Akhlamu sono nuovamente associati, genericamente, alle montagne.

Tiglatpileser I (1114-1076 a.C.) in questo importante documento, inciso su di un prisma ottogonale di argilla e proveniente da Assur, datato al quarto anno del suo regno, narra quanto segue:

Con l'aiuto del dio Assur, mio signore, presi i miei carri e i miei guerrieri e partii per il deserto. Marciai contro gli Akhlamu-Armaya (akh-la-mì-i ^{KUR}armaya^{MESH}), nemici del dio Assur, mio signore. Dai margini della terra di Sukhu fino alla città di Karkemish della terra di Khatti, in un giorno solo tutto misi a sacco. Uccisi le loro truppe, portai via il loro bottino, i loro possessi e i loro beni in numero infinito. Il resto delle loro truppe, che davanti alle terribili armi del dio Assur mio signore era fuggito e aveva attraversato l'Eufrate, dietro a essi, su zattere fatte di pelle di capra attraversai l'Eufrate. Sei delle loro città che sorgono ai piedi del monte Bishri io conquistai, bruciai col fuoco, distrussi, annientai. Portai via nella mia città Assur il loro bottino, i loro possessi e i loro beni.

In questo testo si parla chiaramente della vasta zona geografica compresa tra la terra di Sukhu e la terra di Khatti; inoltre è esplicitamente fatta menzione del Gebel Bishri e di sei città (*alanu*) dislocate ai piedi di questa altura; questo riferimento potrebbe essere una parziale conferma dell'ambientazione geografica del precedente brano.

Dello stesso sovrano un secondo testo proveniente da Assur recita così:

> Ho attraversato ventotto volte l'Eufrate, due volte all'anno, dietro gli Akhlamu-Armaya (akh-la-mì-i ^{KUR}ar-ma-ia^{MESH}), verso la terra di Khatti. Dal piede del monte Libano, dalla città di Tadmar, nel Paese di Amurru, dalla città Anat del Paese di Sukhu, fino alla città di Rapiqu di Karduniash, li ho sconfitti, ho portato via nella città di Assur il loro bottino, i loro possessi.

Come in precedenza è descritto un contesto geografico molto ampio, comprendente ora la zona tra Khatti e Rapiqu, al cofine nord di Babilonia, passando per Anat di Sukhu; vi troviamo inoltre l'aggiunta della città di Tadmar (Palmira), che si trova nel Paese di Amurru, alle falde del monte Libano.

Un terzo testo, molto simile al precedente e proveniente da Assur, racconta:

> Ho attraversato ventotto volte l'Eufrate, due volte all'anno, dietro gli Akhlamu-Armaya (^{KUR}akh-la-me-e ^{KUR}ar-ma-a-ia^{MESH}). Dalla città di Tadmar del Paese di Amurru, da Anat della terra di Sukhu, fino a Rapiqu di Karduniash li ho sconfitti. Il loro bottino e i loro possessi ho portato via nella mia città Assur.

Nelle seguenti due iscrizioni gli Akhlamu-Armaya non sono menzionati, o, se lo erano, i testi sono corrotti e non ce ne permettono la lettura. Tuttavia, in base alle precedenti iscrizioni, sono facilmente ricostruibili e la fraseologia fa intuire che si parli degli Akhlamu-armaya, anche se non possiamo avere la certezza. Le iscrizioni si trovano incise su frammenti d'argilla, alcuni provenienti da Assur, altri da Ninive:

Ho messo a sacco [gli Akhlamu-Armaya] dai margini [della terra di Sukhu] alla città di Karkemish della terra di Khatti in un solo giorno. Ho attraversato l'Eufrate dietro di loro su zattere fatte di pelli di capra. Ho conquistato sei delle [loro] città [ai piedi del monte] Bishri. Ho portato via il loro bottino, loro possessi e i loro beni nella mia città Assur.

Sotto il comando di Assur e Ninurta, i [grandi] dei, [miei signori], ho conquistato [dai margini della terra di Sukhu] alla città di Karkemish della terra di Kha[tti in un solo giorno. Ho attraversato] l'Eufrate come se fosse [un canale (…)]. Diciassette delle loro città, dalla [città di Tadmar del Paese di Amurru, da Anat del Paese di Sukhu, fino a Rapiqu di Karduniash], bruciai, [distrussi, annientai. Ho portato via il loro bottino], i loro ostaggi e [i loro beni nella mia città Assur].

Sul monte Aruma (^{KUR}a-ru-ma), una regione difficile, dove i miei carri non potevano passare, ho lasciato i miei carri e ho preso posto alla testa dei miei guerrieri. Ero audace come un leone (?) e avanzavo trionfalmente sulle sommità delle erte montagne. Ho sopraffatto la terra di Mildish (così era) come un mucchio di rovine dopo il diluvio. Ho abbattuto i loro guerrieri nel mezzo della battaglia, come una ventata (?). Il loro bottino, la loro proprietà e i loro beni ho portato via;

tutte le loro città ho bruciato con il fuoco; (ho preso) ostaggi, ho posto su di loro tributo e tassa.

Le terre di Saraush e di Ammaush, che mai prima hanno conosciuto sconfitta, ho sopraffatto come un mcchio di rovine dopo il diluvio. Ho combattuto con le loro truppe sul monte Aruma (^{KUR}a-ru-ma) e li ho sconfitti.

Con Tiglatpileser I sono nominati per la prima volta anche gli Urumei, in genere presi poco, o affatto, in considerazione in relazione al nome *aram*, ma che nel seguito della presente indagine si cercheranno di valutare.

... [gli Urumai] (^{KUR}u-ru-ma-a-ia^{MESH}), gli Abeshlai, [- Hittiti che non si sottomettono -], ho portato via e li ho considerati come gente del mio paese.

... gli Urumai (^{KUR}u-ru-ma-a-ia^{MESH}) (e) Abeshlai, gente di Khatti, che non si sottomettono, io ho preso in possesso, li ho ? alla gente del mio paese.

... ho soggiogato. Quattromila degli Urumai (^{KUR}u-ru-ma-a-ia^{MESH}) e Abeshlai, gente hittita che non si sottomette, [ho portato via] e li ho considerati [come gente del mio paese].

Gli alberi degli Urumei (u-ru-mi$^{GISH.MESH}$), alberi della montagna, ho tagliato, ho rinforzato i ponti per l'avanzata delle mie truppe e ho attraversato l'Eufrate.

Per il mio valore e poiché Assur, il signore, ha messo nelle mie mani armi maestose che sottomettono i non sottomessi e mi ha comandato di estendere le frontiere della sua terra: quattromila (uomini di) Kashki e di Urumi (^{KUR}u-ru-ma-ia^{MESH}), soldati della terra di Khatti...

Un altro gruppo di testi, appartenenti quasi certamente al secondo successore e figlio di Tiglatpileser I, Ashur-bel-kala (1073-1056 a.C.), seguitano a narrare le imprese belliche contro quelli che ora sono semplicemente chiamati Aramei. Gli annali di questo sovrano, inscritti su tavolette d'argilla ritrovate ad Assur e a Ninive, li menzionano anche in questi frammenti di coni d'argilla provenienti da Assur, che possono essere ricostruiti con facilità data la loro conformità:

In [numerose] campagne contro la terra degli Ar[amei, (KASKAL.MESH at ^{KUR}a-r[i-me]) i nemici di Assur, che nella terra...] io continuamente ho saccheggiato [...].

In numerose [campagne contro gli Ar]amei ([^{KUR}a-r]i-me), i nemici di Assur, che nella terra [... io continuamente ho saccheggiato... trecento leoni...] con il mio valore feroce, nel [mio] secondo anno di regno [...con] le mie frecce appuntite [... i loro nomi] non sono scritti con questi animali [...].

Il documento che tuttavia riporta le testimonianze più numerose sugli Aramei è il cosiddetto "Obelisco spezzato" ritrovato a Kuyunjik. Le iscrizioni in questione si trovano sulla parte destra di questo obelisco di pietra, nella terza colonna; narrano in terza persona:

In quell'anno, nello stesso mese, egli ha attaccato un contingente di Aramei (KASKAL sha ^{KUR}Arimi) nella città di Shasiru che è nel distretto della città [...].

In quell'anno, nel mese di Tammuz egli ha attaccato un contingente di Aramei (KASKAL sha ^{KUR}Arimi) nella città di [...] della terra di [...].

In quell'anno, nel mese di Iyyar, egli ha attaccato un contingente di Aramei (KASKAL sha KURArimi) nella città di Pauza che si trova ai piedi dei monti Kashiari. In quell'anno, nello stesso mese, egli ha attaccato un contingente di Aramei (KASKAL sha KURArimi) verso la città di Nabula.

In quell'anno, nel mese di Sivan, egli ha sradicato le truppe della terra di Musri. In quell'anno, nello stesso mese, egli ha attaccato un contingente di Aramei (KASKAL sha KURArimi) nella città di [...]tibua che si trova sul Tigri.

In quell'anno, nel mese di Ab, egli ha attaccato un contingente di Aramei (KASKAL sha KURArimi) nelle città di (sotto il governatorato) Lishur-sala-Ashur le quali si trovano nel distretto della città di Shinamu. In quell'anno, nello stesso mese, egli ha sradicato (gli abitanti della) città di Shu[...]ru della terra di Khanigalbat. Egli ha conquistato la città di Hulzu che si trova tra i monti Kashiari e la città di Ereshu che il popolo della terra di Khabkhu possedeva. Egli ha portato via tremila ostaggi.

In quell'anno, nel mese di Elul, egli ha attaccato un contingente di Aramei (KASKAL sha KURArimi) nella città di Murarrir della terra di Shubru.

In quell'anno, nel mese di [Arah]samnu, egli ha saccheggiato gli Aramei dalla terra di Makhiranu alla città di Shuppu della terra di Kharran.

Nel mese di Kislev, eponimato di Ili-iddina, egli ha attaccato un contingente di Aramei (KASKAL sha KURArimi) nella città di Makrisu della terra di Yaru. In quell'anno, nello stesso mese, egli ha attaccato un contingente di Aramei (KASKAL sha KURArimi) nella città di Dur-Katlimmu. In quell'anno, nello stesso mese, [egli ha saccheggiato gli Arame]i ([a-ra-m]a) di fronte alla città di Sangaritu [che si trova sull']Eufrate. [In] quell'[anno], nello stesso mese, egli ha attaccato [un contingente di] Arame[i (KASKAL sha ^{KUR}Arimi) nella …]

[In] quell'[anno, nel mese di …], egli ha attaccato [un contingente di Aramei] (KASKAL sha ^{KUR}Arimi) nella terra di Gulgulu.

[In quell'anno, nel mese di …, egli … gli Aramei nella città (…)] nella […]siku del monte Khanu.

In quell'anno, nel mese di Arakhsamnu, [egli … gli Aramei …] insieme agli abbeveratori. [In quell'anno, nello] stesso [mese, egli ha attaccato] un contingente di Aramei (KASKAL sha ^{KUR}Arimi) [nella …] che si affaccia <u>lacuna</u>.

In questi frammenti, appartenenti allo stesso monumento, ricorre molte volte la locuzione "contingente di Aramei", "kharrana (KASKAL) sha ^{KUR}Arimi", altrove in attestata, mentre a volte è usato il semplice "Aramei". Il contesto geografico è principalmente quello delle alte terre settentrionali dei monti Kashiari e di Nairi e poi più a sud a Dur-Katlimmu che si trova sul Khabur.

In una tavoletta frammentaria da Assur è utilizzata una fraseologia che ricorda molto i testi di Tiglatpileser I; in questo documento, che è una sorta di citazione, viene utilizzato il nome *Akhlamu*.

[Sotto il] comando degli dei Assur, An e A[dad, i grandi dei miei signori …] dietro gli Aramei (^{KUR}a-ra-me), che due volte in un anno [ho attraversato l'Eufrate]. Ho provocato la loro [sconfitta dalla città di An]at della terra di Suhu e la città di [Tadmar della terra di Amurru fino alla città di Rapiqu di Karduniash. Ho portato il loro] tributo e [la tassa alla mia città Assur: …]dayu, Sutu, […]miraiu, che [vivono] ai piedi del monte [Libano … su] zattere fate di pelli di capra [ho attraversato l'Eufrate. Ho conquistato la città … che è sulla] riva opposta dell'[Eufrate] (sul fiume Saggurru). A quel tempo la regione degli A]khlamu (a]kh-la-mì-i) che […] la città di Mi[…].

Sotto il comando degli dei Assur (e) Adad, [i grandi dei, miei signori … dietro] gli Aramei (^{KUR}a-ri-mi^{MESH}), che (due volte) in un anno [ho attraversato l'Eufrate]. I Sutu, Naa[…] che [vivono] ai piedi del monte Libano [… su zattere] di pelli di capra [ho attraversato l'Eufrate, ho conquistato la città … che (si trova ulla riva opposta dell'Eufrate)], sul fiume Saggurru. A quel tempo la regione degli [Akhlamu (ahlame) che …] numerosi […].

Il lungo lasso di tempo che va da Ashur-bel-kala (1073-1056 a.C.) ad Ashur-dan II (934-912 a.C.) non ci ha lasciato testimonianze assire sugli Aramei, certamente anche a causa della carenza di iscrizioni che caratterizza questo periodo. Proprio con Ashur-dan II i documenti tornano a essere numerosi e recano nuovamente menzione degli Aramei. Numerose tavolette frammentarie, provenienti da Assur, recano iscritti gli annali di questo sovrano; questa è la parte che riguarda la nostra ricerca:

… Ho portato su dagli Aramei (^{KUR}a-ri-mi) [un bottino di valore].

La terra di Uluzu …, [la terra di Y]akhanu, la terra degli Aramei (^{KUR}a-ru-mu), che si trova dietro la terra di Pi[…, che dal tempo di Ashur-ra]bi (II), re dell'Assiria, mio avo, le città del distretto della [mia terra, …] essi hanno catturato per se stessi; [con l'aiuto] di Assur, mio signore, [ho radunato] carri, truppe. [Ho saccheggiato …] ho inflitto su di loro una grande sconfitta. Ho distrutto, devastato, bruciato le loro [città]. Ho inseguito [il resto delle loro truppe che] sono fuggiti dalle mie armi [da …] alla città di Halhalaush della terra di Sa[…]. Ho inflitto su di loro una grande sconfitta, [ho portato via] il loro bottino, [i loro possessi]. Il resto di loro ho sradicato, [li ho stabiliti] in […], li ho inclusi [entro] i confini dell'Assiria.

Nella versione più lunga degli annali di Adad-nirari II (911-891 a.C.) è utilizzato nuovamente il doppio nome Akhlamu-Armaya:

> … ancora una quarta volta ho marciato verso le terre di Nairi e ho conquistato l'intera terra di Habbu, le città di Nahur (e) di Ashnaku; infatti costantemente ho attraversato le possenti montagne; ho conquistato le città della terra di Natbu; infatti ho interamente distrutto la terra di Alzu come colline di macerie (fatte dal) diluvio; ho preso ostaggi tra di loro (e) ho imposto su di loro tributo e tassa; ho causato la sconfitta delle truppe del campo degli Akhlamu-Armaya (^{KUR}akh-la-me-e ^{KUR}ar-ma-a-ia^{MESH}); ho ricevuto il tributo da Sukhu.

Nell'eponimato di Likberu ho marciato una quarta volta verso la terra di Khanigalbat. A quel tempo Muquru, il Temanita (KURte-man-na-a-a), ruppe il giuramento dei grandi dei e mi sfidò alla guerra e alla battaglia. Fidando nella sua città fortificata, nel suo arco forte, nelle sue truppe numerose e negli Aramei (^{KUR}a-ru-mu^{MESH}), egli si ribellò contro di me. Radunai i miei carristi (e) le mie truppe (e) marciai verso la città di Gidara, che gli Aramei (^{KUR}a-ru-mu^{MESH}) chiamano Raqammatu, che gli Aramei (^{KUR}a-ru-mu^{MESH}) presero con la forza dopo il tempo di Tiglatpileser, figlio di Ashur-resh-ishi, re dell'Assiria, un principe che mi ha preceduto. Nella mia astuzia, posi fortini attorno a essa (la città), cosa che non è esistita tra i re miei padri. (Sebbene) essi avessero scavato un fossato attorno alla sua città, ebbero timore davanti alle mie armi feroci, al mio combattimento violento, alle mie truppe forti ed entrai con forza (e) violenza nella città di Raqammatu. Quel seguito portai giù dal suo palazzo. Personalmente ispezionai la sua proprietà, pietra preziosa della montagna, carri, cavalli, le sue mogli, i suoi figli, le sue figlie, il suo bottino di valore. Quel seguito insieme ai suoi fratelli assicurai in ganci/fibbie di bronzo (e li) portai alla mia città Assur. Così costantemente stabilii la vittoria e la forza di Assur, mio signore, sulla terra di Khanigalbat.

In questa seconda iscrizione la notizia più rilevante è la presenza temanita nella terra di Khanigalbat. Comunemente si ritiene che i Temaniti siano un gruppo di Aramei stabilitisi in questa zona. Teixidor propone di interpretare questo nome come un appellativo locale riferito all'elemento aramaico sedentarizzato, mentre per quello ancora esterno alla civiltà urbana si utilizzerebbe il termine *Aramei*. Egli giunge a questa interpretazione grazie all'iscrizione di Yariris (800 a.C. ca.); in questo documento è menzionata, accanto a quella locale (di Karkemish), a quella di Assur e a quella di Sura, la scrittura di Taiman. Per quanto riguarda la collocazione di questo luogo, Lewy ha proposto l'oasi di Teima, in Arabia nord-occidentale, ma se di un'origine dalla città di Teima si tratta, certamente non si deve far riferimento all'Arabia, bensì, come ammonisce Dussaud, al Gebel Hauran. Dhorme invece accosta l'attributo all'ebraico *teiman*, che significa *sud*, ma forse è secondario rispetto al nome del luogo sopra menzionato. Certamente gli Aramei e i Temaniti non sono del tutto identificabili, come risulta evidente da questa iscrizione ("... Fidando ... nelle sue truppe numerose e negli Aramei").

La situazione è notevolmente diversa dal periodo precedente: questi seminomadi, ostili e instabili, hanno rafforzato la loro presenza e il loro potere, in certe terre si sono del tutto sedentarizzati fino a dare vita a vere e proprie entità statali. È proprio con questo sovrano che abbiamo le prime notizie assire degli stati aramaici di Siria testimoniati anche da iscrizioni locali. Per comodità questi testi sono riportati in parte nella categoria di fonti successiva.

Il testo di Tukulti-Ninurta II (890-884 a.C.) sottolinea insistentemente un'ambientazione geografica di montagne erte, brulle e difficili da percorrere:

> … Mi avvicinai alle città della terra di Ladanu che gli A[ramei e] (^{KUR}a-[ru-mu(?)-u(?)]) i Lullu avevano preso. Conquistai trenta tra le loro città tra le montagne. Portai via due loro […] Distrussi, rasi al suolo, bruciai le loro città. I rimanenti di essi si spaventarono e fuggirono verso le montagne difficili. Nel secondo giorno, nelle colline del monte Ishrun uno non poteva attraversare né con i carri né con la cavalleria è […], salii dietro di loro a piedi sulle colline del monte Ishrun, un'area brulla dove neanche un'aquila alata dei cieli [può andare. Inseguii] loro dalla steppa delle colline del monte Ishrun allo Zab Inferiore. Presi da loro un bottino innumerevole. I rimanenti di essi [attraversarono] lo Zab Inferiore per salvare le loro vite.

Con Assurnasirpal II (883-859 a.C.) l'ambientazione geografica è specificatamente quella delle terre di Nairi e delle sue città.

> Delle città di Sinabu (e) Tidu – fortezze che Salmanassar II, re dell'Assiria, un principe che mi ha preceduto, ha presidiato sul confine della terra di Nairi, che gli Aramei (^{KUR}a-ru-mu) hanno preso con la forza – ne ho ripreso possesso. Insediai

nelle loro città e case adatte gli Assiri che difesero le fortezze dell'Assiria nella terra di Nairi che gli Aramei avevano sottomesso. Li posi in una dimora pacifica.

Estirpai millecinquecento truppe degli Akhlamu-Armaya (akh-la-me-e KURar-ma-a-ia) appartenenti ad Amme-baala, un uomo di Bit-Zamani (e li) ho portati in assiria. Ho mietuto il raccolto della terra di Nairi (e lo) ho immagazzinato per il sostentamento della mia terra nelle città di Tusha, Damdammusa, Sinabu, Tidu…

Le località di Sinabu e Tidu si trovano sul confine di Nairi.

Mentre mi trovavo nella città di tusha, ho ricevuto tributo da Amme-ba'ala, un uomo di Bit-Zamani, da Ili-hite della terra di Shubru e da Lapturu, il figlio di Tupusu (della) terra di Nirdun e tributo dalla terra di Urumu (^{KUR}u-ru-me) (e) dai re delle terre di Nairi – carri, cavalli. Muli, argento, oro, casseruole di bronzo, buoi, pecore, vino. Ho imposto corvée sulle terre di Nairi.

Le seguenti iscrizioni si Salmanassar III (858-824 a.C.) ci hanno lasciato testimonianza sul paese di Arumu, ma anche su Arame, il primo sovrano dell'Urartu. Nel capitolo successivo saranno discussi in maniera più approfondita i diversi elementi contenuti nei testi di questo e degli altri sovrani riguardanti i problemi che ruotano attorno a questa terra.

A quel tempo la città di Ana-Assur-uter-asbat, che il popolo di Khatti chiama Pitru, che è sul fiume Saggurru e che è sull'altra sponda dell'Eufrate, e la città di Mutkinu che è su questa sponda dell'Eufrate, in cui Tiglatpileser, mio predecessore, che venne prima di me, si insediò, che nel regno di Assur-rabi, re d'Assiria, il re del regno di Arumu ha preso con la forza, quelle città io ho restaurato alla loro precedente condizione; uomini dell'Assiria ho stanziato là.

Mi sono avvicinato ad Arzashku, la città regale di Arame l'urarteo. Aramu l'urarteo divenne pauroso davanti alle mie armi maestose e imponenti e alla mia guerra feroce e abbandonò la sua città. Egli salì sul monte Adduri. Ho scalato la montagna dopo di lui; ho combattuto una terribile battaglia in mezzo alle montagne; tremilaquattrocento dei suoi guerrieri ho ammazzato con la spada. Come Adad ho fatto piovere distruzione su di loro. Con il loro sangue ho tinto la montagna come lana rossa. Ho preso il suo accampamento da lui. I suoi carri, la sua cavalleria, i suoi cavalli, i suoi muli, puledri (?), i suoi dei, il suo bottino, la sua proprietà in grandi quantità ho portato via dalla montagna. Aramu, per salvare la sua vita, ha scalato una montagna scoscesa.

4- Iscrizioni aramaiche antiche

In questa categoria di fonti sono stati raccolti alcuni dei testi dei sovrani regnanti nei diversi stati aramaici. Queste iscrizioni forniscono importanti notizie storiche e apportano elementi geografici di grande interesse per la nostra ricerca: testimoniano in maniera diretta l'avvenuta formazione degli stati, offrendo elementi per la loro collocazione.

Da questa compilazione sono esclusi quindi quegli stati che non hanno prodotto propri testi e che conosciamo solo attraverso l'Antico Testamento (Beth-Rekhob, Ma'akah e Geshur) e gli annali assiri (Bit-Zamani, Bit-Asalli e Bit-Khalupe).

Ritengo non necessario riportare tutti gli scritti, ma solo una scelta tra di essi preferendo quelli recanti utili nozioni geografiche; al fine di visualizzare con maggiore precisione la dislocazione di questi stati sul territorio, credo sia opportuno, come ho detto in precedenza, riportare anche qualche passo tratto dagli annali reali assiri.

Guzana/Tell Halaf

Iscrizione bilingue di Hadys'y

1. L'immagine di Hadys'y che ha posto davanti ad Hadad di Sikan
2. ispettore dei canali del cielo e della terra, colui che fa scendere la ricchezza, colui che dà il pascolo
3. e abbeveratoi a ogni terra e dà tranquillità e il vaso sacro per le libagioni
4. a tutti gli dei suoi fratelli. Ispettore dei canali, regolatore di tutti i fiumi
5. di tutte le terre. Dio misericordioso, il cui atteggiamento è benevolo. Abitante
6. di Sikan, signore grande, signore di Hadys'y, re di Guzana, figlio di
7. Sosnuri re di Guzana, per la vita della sua anima e per l'allungamento dei suoi giorni
8. e per rendere numerosi i suoi anni e per la salute della sua casa e per la salute della sua discendenza e per la salute
9. dei suoi uomini e per cancellare le malattie da lui e perché sia ascoltata la sua preghiera e
10. per l'accoglimento della parola della sua bocca, ha posto e ha donato a lui. Chiunque in futuro
11. la porterà via per impiegarla di nuovo [e il mio nome ponga su di essa] e chi cancellerà il mio nome da essa

12. e porrà il suo nome su di essa, Hadad il forte sia il suo nemico. Statua di Hadys'y

13. re di Guzana e di Sikan e di Azran, per l'altezza del suo trono

14. e per allungare la sua vita e affinché la parola della sua bocca agli dei e agli uomini

15. sia buona, questa immagine egli ha fatto meglio di prima l'ha fatta, davanti a Hadad

16. abitante di Sikan, signore del Khabur, la sua statua ha posto. Chi cancellerà il mio nome dalla suppellettile

17. del tempio di Hadad, mio signore, il mio signore Hadad il suo pane e la sua acqua non prenda dalla

18. sua mano, SWL la mia signora non accetti il pane e l'acqua dalla sua mano

19. e che egli semini e non raccolga e mille misure di orzo semini e da esse

20. prenda la metà di una misura e cento pecore allattino un agnello e non si sazi e cento vacche allattino

21. un vitello ed esso non sia saziato e cento donne allattino un bambino e non sia saziato

22. e cento donne mettano a cuocere in un forno il pane e non lo riempiano e in un letamaio i suoi uomini vadano a spigolare l'orzo da mangiare

23. e la peste, flagello di Nergal, non sia estirpata dalla sua terra.

Iscrizione di Tell Halaf

Questo è il memoriale di Bi'amm, quello di Bakhyan.

Dagli annali di Assurnasirpal II

All'ottavo giorno del mese di Ayyaru sono partito dalla città di Kalakh. Ho attraversato il Tigri e ho preso la via della città di Karkemish del paese di Khatti. Mi sono avvicinato a Bit-

Bakhiani. Ho ricevuto il tributo dall'uomo della tribù di Bakhiani: degli attacchi, dei cavalli, dell'argento, dell'oro, dello stagno, del bronzo, delle casseruole di bronzo. Ho preso con me dei carri, la cavalleria e la fanteria di Bit-Bakhiani. Sono partito da Bit-Bakhiani (e) mi sono avvicinato al paese di Asallu. Ho ricevuto il tributo da Adad-ime il salleo: degli attacchi, dei cavalli, dell'argento, dell'oro, dello stagno, del bronzo, delle casseruole di bronzo, dei buoi, dei montoni, del vino. Ho preso con me i carri, la cavalleria e la fanteria. Sono partito dal paese di Asallu e mi sono avvicinato a Bit-Adini.

Essendo le estensioni geografiche dei diversi paesi assai dibattute si può genericamente affermare che esisteva una contiguità territoriale tra Bit-Bakhiani, Asallu e Bit-Adini, seguendo una direzione verso nord-ovest. Le due città di Guzana e di Sikan sono state invece identificate con certezza: si tratta, per la prima, della moderna Tell Halaf, situata nella Siria nord-orientale, sulla riva sud del Girgib, un affluente del Khabur; la seconda località corrisponde invece alla moderna Tell Fekeriye, sulla riva sinistra del Khabur. Nell'iscrizione di Hadys'y è menzionata una terza città, quella di Azran/Zarani; essa non è stata ancora identificata, ma probabilmente si sarà trovata nei dintorni dei due siti precedenti.

Bit-Adini

Iscrizione di Til-Barsip

In questo testo sono riconoscibili solo due lettere: *l* e *b*.

Dagli annali di Assurnasirpal II

... Azi-ilu il laqeo, confidando nella sua forza, si impossessa del guado nella città di Kipina. Io li ho combattuti. Fuori da Kipina gli ho inflitto una sconfitta. Mille dei suoi uomini da combattimento ho massacrato. Ho messo i suoi carri fuori combattimento. Ho preso a lui molti prigionieri e ho deportato i suoi dei. Per salvare la sua vita egli ha preso (la via) di una montagna inaccessibile, il monte Bisuru, davanti all'Eufrate. Per due giorni gli sono andato dietro. Il resto delle sue truppe ho sterminato con le armi. La montagna dell'Eufrate ha inghiottito i loro resti. Io l'ho seguito fino alle città di Dummete e di Azmu, città della tribù di Adini. Il resto delle sue truppe l'ho sterminato con le armi (e) ho condotto via il suo pesante bottino, i suoi buoi, i suoi montoni che, come le stelle del cielo, non avevano numero. In quei giorni ho sterminato Ila il laqeo, i suoi attacchi (e) cinquecento dei suoi soldati ho condotto via nel mio paese Assur. Le città di Dummetu e Azmu ho conquistato, distrutto, bruciato con il fuoco. Sono uscito allo strangolamento dell'Eufrate.

L'inseguimento del re assiro ha inizio presso il monte Bisuru, forse il Gebel Bishri, e prosegue fino alle città di Dummete e di Azamu, appartenenti a Bit-Adini, e allo strangolamento dell'Eufrate. Queste due località dovevano trovarsi nella zona dello strangolamento del fiume, sulla sua riva destra, a nord del Gebel Bishri. E. Forrer ha proposto un'identificazione di Azamu con Iasim, all'imboccatura del Balikh, e di Dummetu con Tell Dhimme, 16 km a sud-est di Der-ez-zor. H. Sader ritiene valida la prima proposta, ma non considera accettabile la seconda a causa della distanza troppo elevata tra i due siti.

Bit-Agushi

Iscrizioni di Sefire

1. Patti di Brg'yh, re di KTK, con Mati'ilu, figlio di 'Atarsumki, re [di Arpad e pat]

2. ti dei figli di Brg'yh con i figli di Mati'ilu e patti dei nipoti di Brg'[yh e* e della sua [discendenza]

3. con la discendenza di Mati'ilu, figlio di 'Atarsumki, re di Arpad e patti di KTK con i [patti]

4. di Arpad e i patti dei signori di KTK con i patti dei signori di Arpad e i patti di [   ]

5. e con il paese di Aram nella sua totalità e con Msr e con i suoi figli i quali ascenderanno al [suo] posto e [con i re ?]

6. di tutto l'alto e basso Aram e con chiunque entri in un palazzo reale. E la st[ele con questa iscrizione]

7. egli ha posto così come questi patti qui. E (sono) questi patti che ha concluso Brg'[yh davanti …]

8. e Mullissu e davanti a Marduk e Sarpanitu e davanti a Nabu e Ta[smetu e davanti a Erra e Nus]

9. ku e davanti a Nergal e Las e davanti a Samas e Nuru e davanti a Si[n e Ningal … e da]

10. vanti a NKR e KD'H e davanti a tutti gli dei d RHBH e 'DM [e davanti a Hadad]

11. di Aleppo e davanti a Sibittie davanti a El e 'lyan e davanti ai cie[li e alla terra e davanti all'abis]

12. so e alle sorgenti e davanti al giorno e alla notte. Che siano testimoni tutti gli d[ei di KTK e tutti gli dei di Arpad].

13. Aprite i vostri occhi per vedere i patti di Brg'yh [con Mati'ilu re

14. di Arpad] e se Mati'ilu figlio di 'Atarsumki, r[e di Arpad] tradisce [Brg'yh

15. re di KTK] e se la discendenza di Mati'ilu tradisce [la discendenza di Brg'yh]

16. [figlio di] Gushi

lacuna

21. [   ] una pecora e che essa non ? ; e che sette nutrici ? [le loro mammelle e]

22. che elle allattino un bambino e che egli non sia saziato; e che sette cavalle allattino un puledro e che esso non sia sazia[to e che sette]

23. vacche allattino un vitello e che esso non sia saziato; e che sette pecore allattino un agnello e che esso [non sia sazia]

24. to; e che sette galline sue camminino durante una carestia e che esse non possano essere uccise. E se Mati'[ilu] tradisce [Brg'yh]

25. e suo figlio e la sua discendenza, che il suo regno diventi come un regno di sabbia, un regno di sogno, che Assur governerà;

26. [che A]dad versi tutto il male sulla terra e nei cieli tutte le calamità; e che egli versi su Arpad [   ].

Il trattato prosegue fino alla linea 42 continuando a elencare le sciagure che colpiranno chi tradirà questi patti.

A livello geografico colpiscono due espressioni: "Aram nella sua totalità" e "alto e basso Aram", laddove si indica per alta Siria il territorio compreso tra il confine della Cilicia e l'Oronte, per la bassa Siria la zona a sud di esso. Per quanto riguarda la prima locuzione, invece, sappiamo che in greco nel periodo persiano veniva usata la parola Sytia in due accezioni: per indicare la zona trans-eufratica e Aram (Siria senza Fenicia e Palestina); dalla prima metà del quarto secolo in greco vengono usate le parole "koile Syria", che secondo E. Schwarz deriva dall'ebraico "kol" e che per A. Shalit è identico ad "Aram nella sua totalità".

Dagli annali di Assurnasirpal II

... Sono uscito dal paese di Karkemish. Ho preso la strada tra i monti Munziganu e Hamurga. Ho lasciato il paese di Akhanu alla mia sinistra (e) mi sono avvicinato alla città di Hazazu (città) di Lubarna il patineo. ... In quei giorni lì ho ricevuto il tributo di Gusi, lo yahaneo: dell'argento, dello stagno, dei buoi, dei montoni (e) degli abiti di lino a frange multicolori.

In quest'ultimo testo il paese si chiama ancora $^{KUR}akhanu$ e sembra estendersi a sud di Karkemish e a sud-ovest di Patina. Ci troviamo dunque nella piena Siria settentrionale.

Sam'al

Iscrizione di Bar-Rakib

1. Io (sono) Bar-Rakib
2. figlio di Panamuwa, re di Sam'al
3. servo di Tiglatpileser signore
4. dei quattro quarti della terra. Per la giustizia di mio padre e per la giustizia
5. mia, mi hanno insediato il mio signore RKB'L
6. e il mio signore Tiglatpileser sul
7. trono di mio padre
8. si è affaticata più di tutte e io ho corso presso la ruota
9. dal mio signore il re di Assur in mezzo
10. a re grandi, padroni di
11. argento e padroni di oro. Io ho preso
12. la casa di mio padre e l'ho resa migliore
13. di ciascuna casa dei grandi re
14. e i re miei fratelli desideravano per sé
15. tutto quello che era il bene della mia casa e

16. una casa bella non avevano i miei padri,
17. i re di Sam'al: essi avevano la casa
18. di Kilamuwa ed essa era per loro casa d'inverno
19. e casa d'estate. Invece
20. io ho costruito questa casa.

È assai difficile stabilire con certezza l'estensione del regno di Sam'al. Conosciamo la sua capitale, che sicuramente corrisponde alla moderna Zincirli, e la città di Lutibu, per la quale Kraeling ha proposto una identificazione accettabile con la moderna Sakcegozu.

Hamat

Iscrizione di Afis

1. (Questa è) la stele che ha posto Zakur re di Hamat e di Luas a Iluer
2. Io (sono) Zakur re di Hamat e di Luas; un uomo umile (sono) io e mi ha fatto regnare
3. Balsamain; è stato con me e mi ha fatto regnare Balsamain
4. in Hazrak e ha riunito contro di me Barhadad figlio di Hazael re di Aram dicias
5. sette re di Barhadad e il suo esercito e Bar-gus e il suo esercito
6. (il re) di Cilicia e il suo esercito e il re dell'Amuq e il suo esercito e il re di Gargum e il suo
7. esercito e il re di Sam'al e il suo esercito e il re di Melid ...
8. Essi e i loro eserciti e hanno posto tutti questi re un assedio intorno ad Hazrak
9. ed essi hanno innalzato un muro presso il muro di Hazrak
10. e hanno scavato un fosso vicino al suo fosso

11. allora io ho alzato le mani mie verso Balsamain; a me ha risposto Balsamain;

12. Balsamain (ha risposto) a me per mezzo di veggenti e per mezzo di indovini.

13. Balsamain (disse): "Non temere perché io ti ho fatto regnare

14. e starò con te e io ti salverò da tutti questi re i quali

15. hanno organizzato contro di te un assedio" e disse …

16. "Tutti questi re che hanno organizzato contro di te un assedio" e disse:

17 "e questo muro …".

Riguardo l'estensione geografica di questo stato siamo informati dapprima dagli annali di Salmanassar III, poi dall'iscrizione di Zakur e infine dagli annali di Tiglatpileser III i quali tuttavia travalicano i limiti della nostra ricerca, in quanto si tratta del periodo di trasformazione degli stati aramaici di Siria in province assire. Il primo sovrano assiro menzionato offre le seguenti indicazioni: Aleppo e la sua regione costituiscono il confine settentrionale del regno di Hamat; sulla via che conduce da Aleppo a Qarqar, probabilmente da situare nella moderna Hama, si trovano le città di Adennu, Barga e Argana, conquistate da questo re. Con Zakur lo stato è ingrandito dall'annessione del paese di L'S, corrispondente a Luhuti e con capitale Hzrk, la Hatarikka dei testi cuneiformi; sarebbe da localizzare a nord-est di Hama, tra questo paese, quello di Unqi e quello di Bit-Agushi.

Damasco/Aram

Stele di Melqart

1. Stele che ha eretto Bar-Ha
2. dad, figlio di ['Idri-Shamash che (era) il padre]
3. del re di Aram al suo signore a Melqar
4. t, perché egli ha fatto un voto e (perché) egli ha udito
5. la sua voce.

Questa iscrizione, trovata a nord di Aleppo, è l'unica locale pervenutaci. Innanzitutto, va notato il nome del sovrano che coincide con quelli riferiti nella Bibbia, anche se nella forma ebraizzata di Ben-Hadad; poi è da segnalare il fatto che egli utilizzi il titolo di "re di Aram": Damasco doveva essere la capitale di questo regno di Aram, ma non sappiamo perché proprio essa mantenesse tale appellativo. L'identità di questo sovrano ha suscitato dei dubbi tra gli studiosi, dei quali alcuni, come W. T. Pitard ed E. Puech, ritengono che la stele sia piuttosto del regno di Arpad.

Un altro dato interessante riguarda il dio al quale è offerto il voto, Melqart; notoriamente è una divinità fenicia e sulle prime potrebbe stupire il fatto di trovarlo in questa iscrizione; ma in realtà i fattori di continuità tra la Siria del II millennio e quella del I furono assai numerosi come testimoniano i dati onomastici: questo potrebbe essere un ulteriore elemento di continuità con la situazione precedente. Nel IX secolo a.C. questa regione si estendeva a settentrione fino a Homs, a meridione fino all'Hauran e alle alture del Golan. Con Hazael viene inglobato anche il nord di Israele, ma solo temporaneamente.

Iscrizione di Bukan

La seguente iscrizione è composta da due frammenti: il primo rinvenuto nel 1985 negli scavi di Tepe Qalaychi, presso Bukan, a sud-est del lago Urmia, nell'Azerbaijan iranico; il secondo, noto dal 1990, proviene dal mercato antiquario ed è più piccolo e meglio conservato del primo. In base alla forma delle lettere l'iscrizione è stata datata all'VIII secolo a.C.

1. Chi toglierà questa stele [.................]
2. in guerra o in pace tutta la calamità [......]
3. che esiste in tutta la terra. Che gli dei distruggano la ca
4. sa di questo re poiché costui ha oltraggiato gli dei e costui ha oltraggiato
5. Haldi che (si trova) in ZʿTR. Che sette vacche
6. allattino un solo vitello e che esso non sia saziato. E che sette
7. donne cucinino in un solo forno e che elle non lo
8. riempiano. E che scompaiano dal suo paese il fumo del fuoco e il rumore
9. di due macine. E che la sua terra sia salata; che morto (sia) il suo padro
10. ne, scapigliando le teste. E quanto a questo re qui [.................]
11. su questa stele, che, il suo trono, lo rovescino Had(ad)
12. e Haldi. E che, durante sette anni, Hadad non dia la sua voce
13. nel suo paese. E che egli colpisca colui che oltraggerà questa stele.

La forma delle lettere e la serie delle maledizioni trovano dei paralleli nei trattati di Sefire e nell'iscrizione della statua di Tell Fekheriye; nella maledizione contenuta nella linea 8 compare invece la dicitura "fumo del fuoco e il rumore di due macine", che M. A. Lemaire ha accostato al passo biblico di Geremia 24, 10b.

5- Tre iscrizioni aramaiche su bronzi del Luristan

Credo sia necessario analizzare anche alcuni documenti aramaici che, pur non rientrando nella precedente categoria di fonti, costituiscono la dimostrazione di una presenza e di una diffusione aramaica anche in regioni spesso troppo trascurate.

Iscrizione su una brocca di bronzo

1. La [brocca] che ha fatto Pir'-ittanni (figlia di) Elsatar
2. per 'Atarmasornu (figlio di) NGS (?)

La scrittura di questo testo è comparabile a quella che nell'VIII secolo a.C. troviamo ad esempio a Zincirli e a Sefire.
Questa iscrizione deve la sua importanza al fatto che testimonia una penetrazione nel Luristan dell'VIII secolo a.C. della scrittura e della lingua aramaica.

Iscrizione su una coppa di bronzo

(Appartenente) a KMR-elah, figlio di Elsamak, servitore di Gazir.

Questo secondo documento presenta nella scrittura dei caratteri più recenti, per questo è datare tra l'VIII e il VII secolo a.C.

Iscrizione su una seconda coppa di bronzo

(Appartenente) a ZR' .... Aba-usur ha inscritto questa coppa qui per Hazi (figlio di) Nabu-sag.

In quest'ultima iscrizione la scrittura è più evoluta ancora e ci porta fino al 600 a.C.

Pur travalicando i limiti della nostra indagine, ho voluto riportare anche l'iscrizione di questa coppa a prova del fatto che in questa zona la presenza aramaica non deve essere stata affatto transitoria; infatti una sola iscrizione sarebbe stata sufficiente per provare la presenza aramaica nel Luristan, ma tre documenti testimoniano una certa persistenza anche nel tempo.

6- Fonti giudaiche

Le fonti giudaiche coincidono con le testimonianze lasciateci dall'Antico Testamento; esse riguardano il nome Aram in quattro accezioni principali: come nome proprio, specialmente inserito in liste genealogiche; come toponimo nei nomi composti di Aram Naharaim e Paddan-Aram; ancora come nome di luogo, ma inserente agli stati aramaici della Siria meridionale e in particolare in relazione a Damasco; come etnonimo derivato dal toponimo.

Genesi 10, 22-23

I figli di Sem: Elam e Assur e Arpakshad e Lud e Aram. E i figli di Aram: Uz e Chul e Gheter e Mash.

Genesi 12,1;4-6

Il Signore disse ad Abramo: "Vattene dalla tua terra e dalla tua patria e dalla casa di tuo padre verso la terra che io ti mostrerò".

E Abramo partì, come gli aveva detto il Signore, e con lui partì Loth. Abramo aveva settantacinque anni quando uscì da Kharran. E Abramo prese Sarai, sua moglie, e Loth, figlio di suo fratello, e tutti i bei che aveva acquistato e gli uomini che si erano procurati a Kharran e uscirono per andare verso il paese di Canaan e arrivarono al paese di Canaan. E Abram attraversò il paese fino alla località di Sichem, presso il grande albero di More e i Cananei allora si trovavano nel paese.

Genesi 22,20-24

Dopo queste cose accadde che portarono notizie ad Abramo dicendo: "Ecco, Milka ha partorito anche lei figli a Nacor tuo fratello": Uz, suo primogenito, e Buz, suo fratello, e Kemuel, padre di Aram. E Kesed e Chzo, Pildash e Idlaf e Betel. Betuel generò Rebecca: questi otto partorì Milka a Nacor, fratello di Abramo. E la sua concubina, il suo nome era Reuma, partorì anche lei: Thebach e Gacham e Tachash e Maaka.

Genesi 24,2-4;9-10

Abramo disse al suo servo, il più vecchio della sua casa, il quale aveva il dominio su tutti i suoi beni: "Metti dunque la tua mano sotto la mia coscia e ti farò giurare sul Signore, dio dei cieli e dio della terra, che non prenderai come moglie per mio figlio una tra le figlie dei Cananei, in mezzo ai quali io abito, ma che andrai nel mio paese, nella mia patria, per prendere una moglie per mio figlio Isacco.

Il servo pose la sua mano sotto la coscia di Abramo, suo signore, e giurò a lui riguardo questo discorso. Il servo prese dieci cammelli tra i cammelli del suo padrone e partì e aveva in mano ogni bene del suo padrone, si alzò e andò verso Aram Naharaim, alla città di Nacor.

Genesi 25,20

Accadde che Isacco aveva quarant'anni quando prese in moglie per sé Rebecca, figlia di Betuel l'arameo, da Paddan-Aram, sorella di Lebano l'arameo.

Genesi 28, 1-2; 5-7

Isacco chiamò Giacobbe e lo benedisse e ordinò a lui dicendo: "Tu non devi prendere moglie tra le figlie di Canaan. Su, vai in Paddan-Aram, alla casa di Betuel, padre di tua madre, e prendi per te da là una moglie tra le figlie di Labano, fratello di tua madre.

Isacco fece partire Giacobbe ed egli andò in Paddan Aram presso Labano, figlio di Betuel l'arameo, fratello di Rebecca, madre di Giacobbe e di Esaù. Esaù vide che Isacco aveva benedetto Giacobbe e lo aveva mandato in Paddan Aram per prendere per sé una moglie da là … Giacobbe aveva obbedito a suo padre e a sua madre ed era andato verso Paddan Aram.

Genesi 31, 17-24

Giacobbe si alzò e caricò i suoi figli e le sue mogli sui cammelli. Condusse via tutto il suo bestiame e tutti i suoi carri che aveva acquistato, il bestiame i suoi beni che aveva acquistato in Paddan Aram, per ritornare da Isacco, suo padre, nel paese di Canaan. Labano era andato a tosare il suo gregge e Rachele rubò gli idoli che appartenevano a suo padre. Giacobbe ingannò Labano l'arameo, non avvertendolo che ella stava fuggendo; ed ella fuggì con tutti i suoi averi. Si alzò e passò il fiume e si diresse verso le montagne di Galaad. Ma Dio venne da Labano l'arameo in un sogno di notte e gli disse: "Guardati dal parlare con Giacobbe, dal bene al male.

Genesi 33,18

Giacobbe arrivò salvo alla città di Sichem, che è nel paese di Canaan, nel suo ritorno da Paddan Aram, e si accampò di fronte alla città.

Genesi 35, 9; 26

Dio apparve ancora a Giacobbe nel suo ritorno da Paddan Aram e lo benedisse.

... Questi sono i figli di Giacobbe che sono nati in Paddan Aram.

Genesi 46, 15

Questi sono i figli di Lia che partorì a Giacobbe in Paddan Aram con Dina sua figlia; tutti i suoi figli e le sue figlie erano trentatré persone.

Numeri 23, 7

E pronunciò la sua sentenza e disse:
"Dall'Aram mi ha fatto venire Balak, il re di Moab dalle montagne dell'est.
Vieni, maledici per me Giacobbe e vieni, inveisci contro Israele".

Deuteronomio 26, 4-5

Prenderà il sacerdote la cesta dalle tue mani e la deporrà davanti all'altare del Signore tuo Dio e tu risponderai e dirai davanti al Signore tuo Dio: "Mio padre era un arameo errante e scese in Egitto e risiedette là come straniero con pochi uomini e là diventò una nazione grande, forte e numerosa.

Questo passo trova un parallelo nell'iscrizione contenuta nel Prisma di Sargon II da Nimrud:

In quel paese desertico gli Aramei ([amel]a-ra-me) e i Sutu, che abitano nelle tende (hab-ba-ti), fuggitivi, malvagi, una razza saccheggiatrice, hanno piantato le loro abitazioni e hanno bloccato i passaggi.

Giosuè 13, 27

Nella valle: Bet Aram e Bet Nimra e Sukkot e Zafon, il resto del regno di Sichon, re di Chesbon.

Giudici 3, 10

Lo spirito del Signore fu su di lui ed egli fu giudice di Israele e uscì per combattere e il Signore diede nella sua mano Kushan Rishataim, re di Aram, e la sua mano fu potente contro Kushan Rishataim.

Giudici 10, 6

Gli Israeliti continuarono a fare male agli occhi del Signore e servirono i Baal e le Astarti e gli dei di Aram e gli dei di Sidone e gli dei di Moab e gli dei degli Ammoniti e gli dei dei Filistei e abbandonarono il Signore e non lo servirono.

2Samuele 8,6;11-13

David collocò guarnigioni in Aram di Damasco e gli Aramei divennero verso David servi che portano tributo...

Anche quelli consacrò il re David al Signore, con l'argento e l'oro che aveva già consacrato preso alle nazioni che aveva soggiogato, ad Aram e a Moab, ad Ammon e ai Filistei e agli Amaleciti e al bottino di Hadad-Ezer, figlio di Recob, re di Zoba. E David acquistò gloria nel suo ritorno dalla sua vittoria su Aram nella valle del sale (sconfiggendone) diciottomila.

2Samuele 10, 6; 8-9; 11; 13-19

Gli Ammoniti videro che si erano attirati l'odio di Davide e gli Ammoniti mandarono ad assoldare ventimila fanti di Aram di Bet-Rechob e Aram di Zoba e mille uomini del re Maaka e dodicimila uomini degli uomini di Tob.
Gli Ammoniti uscirono e si schierarono in battaglia all'ingresso della città e Aram di Zoba e di Rechob e gli uomini di Tob e di Maaka stavano soli nella campagna.

... lo schierò di fronte ad Aram.

Disse: "Se gli Aramei sono più forti di me, tu mi verrai a salvare e se gli Amoniti sono più forti di te, io ti verrò a salvare".

"Ioab e la gente che era con lui avanzò per attaccare Aram e fuggirono davanti a lui. Gli Amoniti videro che Aram era fuggito, fuggirono davanti ad Abisai...

Gli Aramei videro che erano stati battuti da Israele, si riunirono insieme. Hadad-Ezer mandò (messaggeri) e schierò

Aram che abitava oltre il fiume e giunsero a Chelam Shobak, capo dell'esercito di Hadad-Ezer, davanti a loro.

… Gli Aramei si schierarono in battaglia contro David e combatterono con lui. Ma Aram fuggì davanti a Israele e David uccise ad Aram settecento pariglie di cavalli e quarantamila cavalieri.

… Gli Aramei si guardarono dal salvare ancora gli Ammoniti.

1Re 10, 29

Un carro, importato dall'Egitto, costava seicento sicli d'argento, un cavallo centocinquanta e così a tutti i re degli Hittiti e ai re di Aram vendevano i loro cavalli.

1Re 15, 18

Asa prese tutto l'argento e l'oro depositato nei tesori del tempio e i tesori della reggia e li consegnò nella mano dei suoi ministri e li mandò re Asa a Ben-Hadad, figlio di Tabrimmon, figlio di Chezion, re d'Aram, che risiedeva in Damasco, decendo…

1Re 19, 15

Il Signore gli disse: "Su, ritorna sui tuoi passi verso il deserto di Damasco; e giungerai e ungerai Chazael come re di Aram".

1Re 20, 1; 20-23; 26-29

Ben-Hadad, re di Aram, radunò tutto il suo esercito e trentadue re erano con lui con cavallo e carro. Egli marciò contro Samaria e combatté in essa.

... Gli Aramei fuggirono e li inseguì Israele. Ben-Hadad, re di Aram, si salvò a cavallo e anche alcuni cavalieri. Uscì il re di Israele e si impadronì dei cavalli e dei carri e inflisse ad Aram una grande sconfitta. Allora il profeta si avvicinò al re di Israele e gli disse: "Su, sii forte; sappi e vedi ciò che farai, perché l'anno prossimo il re di Aram verrà contro di te". Invece i servi del re di Aram dissero a lui. "Un Dio dei monti è il loro Dio; per questo sono stati superiori a noi, ma se ci battessimo con loro in pianura, invece, saremmo superiori a loro".

E accadde che l'anno dopo Ben-Hadad passò in rassegna Aram e andò ad Afek per attaccare Israele. Gli Israeliti erano censiti e approvvigionati, andarono contro di loro e si accamparono gli Israeliti di fronte a loro come due greggi di capre, mentre gli Aramei riempivano il paese. Un uomo di Dio si avvicinò al re di Israele e gli disse: "Così dice il signore: "Poiché gli Aramei hanno detto: un Dio dei monti è il Signore e non un Dio delle valli, io metterò nelle tue mani tutta questa grande moltitudine e così saprai che io sono il Signore". Si accamparono gli uni di fronte agli altri per sette giorni e accadde che nel settimo giorno si attaccò battaglia e gli Israeliti uccisero centomila fanti aramei in un giorno.

1Re 22, 1; 3; 11; 31; 35

Trascorsero tre anni senza guerra tra Aram e Israele.

Il re di Israele disse ai suoi ufficiali: "Sapete che Ramot di Galaad è nostra? Ma noi siamo inattivi dal riprenderla dalla mano del re di Aram".

Aveva fatto per sé Sedecia, figlio di Chenaana, corna di ferro, e affermava: "Così dice il Signore: "Con queste urterai gli Aramei fino al loro sterminio".

Il re di Aram aveva ordinato ai capi dei suoi trentadue carri dicendo: "Non combattete contro uno piccolo o uno grande, se non contro il re di Israele, solo lui".

La battaglia infuriò in quel giorno e il re era sul carro di fronte agli Aramei. Alla sera morì e il sangue della ferita era colato sul fondo del carro.

2Re 5, 1-2; 5

Naaman, capo dell'esercito del re di Aram, era un uomo autorevole davanti al suo signore ed elevato, perché per suo mezzo il Signore aveva concesso la vittoria agli Aramei, ma l'uomo potente era affetto dalla lebbra. Bande aramaiche uscirono e portarono via dal paese di Israele una ragazza piccola...

Il re di Aram disse: "Su, vai! Io invierò una lettera al re di Israele".

2Re 6, 8-9; 11; 23-24

Il re di Aram era in guerra contro Israele e parlò in un consiglio con i suoi ufficiali dicendo: "In un certo tal posto sarà il mio campo". L'uomo di Dio mandò a dire al re di Israele "Guardati dal passare per quel luogo, perché là stanno scendendo gli Aramei".

Batteva violentemente il cuore del re di Aram per questo fatto e chiamò i suoi ufficiali e disse loro: "Non mi potreste indicare chi dei nostri è per il re di Israele?"

... Le bande aramaiche non penetrarono più nel paese di Israele. Dopo accadde così, che Ben-Hadad, re di Aram, radunò tutto il suo esercito e venne e assediò Samaria.

2Re 7, 4-6; 10; 12; 14-16

"... Ed ora su, andiamo all'accampamento degli Aramei; se ci faranno restare in vita vivremo e se ci uccideranno moriremo". Si alzarono al crepuscolo per andare all'accampamento degli Aramei e giunsero fino all'estremità dell'accampamento degli Aramei ed ecco, là non c'era alcun uomo. Il Signore aveva fatto udire agli Aramei rumore di carri, rumore di cavalli e rumore di un grande esercito.

Andarono e chiamarono le guardie della città e riferirono loro dicendo: "Siamo andati nel campo degli Aramei ed ecco, là non c'era alcun uomo né voce di uomo...
Il re si alzò di notte e disse ai suoi ufficiali: "Vi dirò dunque ciò che hanno fatto a noi gli Aramei".

"Presero due carri con i cavalli e il re li mandò dietro all'esercito degli Aramei dicendo: "Andate e vedete". Andarono dietro di loro fino al Giordano ed ecco, tutta la strada era piena di abiti e di oggetti che gli Aramei avevano gettato via nella fretta; i messaggeri tornarono e riferirono al re. Allora la gente uscì e saccheggiò l'accampamento degli Aramei...

2Re 8, 7; 9; 13; 28-29

Eliseo andò a Damasco e a Ben-Hadad, re di Aram, che era malato, fu riferito: "Un uomo di Dio è venuto fin qui".

Chazael gli andò incontro e prese con sé in regalo tutte le cose buone di Damasco, un carico di quaranta cammelli;

giunse e si fermò davanti a lui e disse: "Tuo figlio, Ben-Hadad, re di Aram, mi ha mandato da te per dire: guarirò o no da questa malattia?"

Eliseo disse: "Il signore mi ha mostrato che tu sarai re su Aram".

Egli con Ioram, figlio di Achab, andò in guerra contro Chazael, re di Aram, in Ramot di Galaad; ma gli Aramei ferirono Ioram. Allora il re Ioram andò a curarsi in Izreel per le ferite che gli avevano procurato gli Aramei in Ramot, nel suo combattere Chazael re di Aram…

2Re 9, 14-15

Ieu figlio di Giosafat, figlio di Nimsi, congiurò contro Ioram. Ioram aveva difeso Ramot di Galaad, lui e tutto Israele, di fronte a Chazael, re di Aram. Il re Iloram era tornato a curarsi in Izreel le ferite che gli avevano procurato gli Aramei nel suo combattere Chazael re di Aram…

2Re 12, 18-19

In quel tempo Chazael re di Aram mosse guerra contro Gat e la conquistò. Allora Chazael si preparò ad assalire Gerusalemme. Ioas re di Giuda prese tutti gli oggetti sacri che erano stati consacrati da Giosafat, da Ioram e da Acazia, re di Giuda, e quelli consacrati da lui stesso, e tutto l'oro trovato nei tesori del tempio e della reggia; egli mandò tutto ciò a Chazael, re di Aram, ed egli si allontanò da Gerusalemme.

2Re 13, 3-5; 7; 17; 19; 22; 24

Il Signore si adirò contro Israele e li mise nelle mani di Chazael re di Aram e nelle mani di Ben-Hadad figlio di

Chazael, per tutti quei giorni. Ma Ioachaz placò il volto del Signore e il Signore lo ascoltò perché aveva visto l'oppressione di Israele, poiché il re di Aram li oprimeva. Il Signore diede un liberatore a Israele ed essi uscirono da sotto la mano di Aram; gli Israeliti abitarono nelle loro tende come prima.

Pertanto non lasciò a Ioachaz l'esercito, salvo cinquanta cavalli, dieci carri e diecimila fanti, perché il re di Aram li aveva distrutti e li aveva ridotti come polvere che si calpesta.

E disse: "Apri la finestra a oriente" e apertala Eliseo disse: "Tira!" e tirò; e disse: "Freccia vittoriosa per il Signore, freccia vittoriosa su Aram. Tu sconfiggerai Aram in Afek fino allo sterminio.

L'uomo di Dio si indignò contro di lui e disse: "Avresti dovuto colpire cinque o sei volte; allora avresti sconfitto Aram fino allo sterminio; ora, invece, sconfiggerai Aram solo tre volte".

Chazael re di Aram oppresse Israele per tutti i giorni di Ioachaz.

Chazael, re di Aram, morì e regnò al suo posto Ben-Hadad, suo figlio.

2Re 15, 37

In quei giorni il Signore cominciò a mandare contro giuda Rezin re di Aram e Peqach figlio di Romelia.

2Re 16, 5; 7

In quel tempo Rezin, re di Aram, e Peqach figlio di Romelia, re di Israele, marciarono contro Gerusalemme e l'assediarono ma non la espugnarono.

Acaz mandò messaggeri a Tiglatpileser, re dell'Assiria, per dirgli: "Io sono tuo servo e tuo figlio; vieni, liberami dalla mano del re di Aram…"

2Re 24, 2

Il Signore mandò contro di lui bande di Caldei e bande di Aramei e bande di Moabiti e bande di Ammoniti; le mandò in Giuda per annientarlo, secondo la parola che il Signore aveva detto per mezzo dei suoi servi, i profeti.

Isaia 7, 1-2; 4-5; 8

Accadde che nei giorni di Acaz figlio di Iotam, figlio di Ozia, re di Giuda, Rezin re di Aram e Peqach figlio di Romelia, re di Israele, marciarono contro Gerusalemme per muovere guerra contro di essa, ma non riuscirono a espugnarla. Fu annunciato alla casa di David: "Aram si è accampato in Efraim".

… il tuo cuore non si abbatta per quei due avanzi di tizzoni fumosi, per la collera di Rezin, di Aram e del figlio di romelia. Poiché Aram, Efraim e il figlio di Romelia hanno tramato il male contro di te…

Poiché capitale di Aram è Damasco e capo di Damasco è Rezin.

Isaia 9, 11

Gli Aramei dall'oriente e i Filistei da occidente che divorano
Israele con tutta la bocca...

Isaia 17, 3

Sparirà la cittadella da Efraim, e la regalità da Damasco
e il resto di Aram sarà onorato come gli Israeliti.
Oracolo del Signore degli eserciti.

Isaia 22, 6

Elam ha preso la faretra, Aram i cavalli da tiro
e Kir ha tolto il fodero allo scudo.

Geremia 35, 11

Accadde che Nabucodonosor re di Babilonia venne contro il
paese e ci dicemmo: venite ed entriamo in Gerusalemme (per
fuggire) davanti all'esercito dei Caldei e davanti all'esercito
degli Aramei...

Ezechiele 16, 57

... Perché ora sei disprezzata dalle figlie di Aram e da tutte le
figlie dei Filistei che sono intorno a te, le quali ti dileggiano da
ogni parte?

Ezechiele 27, 16

Aram commerciava con te per la moltitudine dei tuoi
prodotti e pagava la tua mercanzia con pietre preziose,
porpora, ricami, bisso, coralli e rubini.

Osea 12, 13

Giacobbe fuggì nel territorio di Aram e Israele prestò servizio a una donna e per una donna fece il guardiano.

Amos 1, 5

Spezzerò la spranga della porta di Damasco e sterminerò gli abitanti di Bikeat-Aven e chi detiene lo scettro di Bet-Eden e il popolo di Aram sarà deportato a Kir...

Amos 9, 7

... Non ho fatto uscire io Israele dal paese d'Egitto e i filistei da Kaftor e gli Aramei da Kir?

Zaccaria 9, 1

Oracolo. La parola del Signore scende sulla terra di Cadrach e su Damasco, poiché al Signore appartiene la perla di Aram e tutte le tribù d'Israele.

Salmi 60, 2

Quando uscì contro Aram Naharaim e contro Aram di Soba e Gioab ritornò e sconfisse Edom nella Valle del sale: dodicimila (uomini).

1Cronache 1, 17

Figli di Sem: Elam, Assur, Arpakshad, Lud, Aram, Uz, Gheter e Meshek.

1Cronache 2, 23

Gheshur e Aram presero loro i villaggi di Iair con Kenat e le dipendenze: sessanta città.

1Cronache 7, 34

Figli di Shomer suo fratello: Roga, Cubba e Aram.

1Cronache 18, 5-6

Aram di Damasco andò in aiuto ad Hadad-Ezer, re di Zoba, ma David uccise tra gli Aramei ventiduemila uomini. David mise guarnigioni in Aram di Damasco, gli Aramei divennero per David sudditi che portano tributo.

1Cronache 19, 6; 10; 12; 14-19

Gli Ammoniti videro di essersi resi odiosi a David e mandarono, Canun e gli Ammoniti, mille talenti d'argento per assoldare per essi carri e cavalieri da Aram Naharaim e da Aram Maaka e in Zoba.
… ed egli scelse tra tutti i giovani di Israele e li schierò contro Aram.

E disse: "Se Aram prevarrà su di me, tu sarai la mia salvezza; e se invece gli Ammoniti prevarranno su di te, io ti verrò in aiuto".

Ioab e la gente che era con lui mosse verso Aram per combattere, ma essi fuggirono davanti a lui. E gli Ammoniti videro che Aram era fuggito e fuggirono anche loro di fronte ad Abisai suo fratello e rientrarono in città; Ioab tornò a Gerusalemme. Gli Aramei videro che erano stati battuti da

Israele e mandarono messaggeri e fecero uscire Aram che era dalla parte opposta del fiume; ... David si dispose per la battaglia contro Aram, che combatté con lui. Aram fuggì davanti a Israel e David uccise Aram, settemila cavalieri e ventimila fanti. ... Aram non volle più aiutare gli Ammoniti.

2Cronache 1, 17

Essi facevano venire e importavano da Muzri un carro per seicento sicli d'argento, un cavallo per centocinquanta. In tal modo ne importavano per fornirli a tutti i re degli Hittiti e ai re di Aram.

2Cronache 16, 2; 7

Asa prese argento e oro dai tesori del tempio e della reggia e li mandò a Ben-Hadad, re di Aram residente a Damasco...

In quel tempo il veggente Canani andò da Asa re di giuda e gli disse: "Appoggiandoti al re di Aram non ti sei appoggiato al signore tuo Dio, per questo l'esercito del re di Aram è sfuggito dalle tue mani".

2Cronache 18, 10; 30; 34

Sedecia figlio di Kenaana aveva fatto per sé corna di ferro e affermava: "Così dice il Signore: "Con queste urterai contro gli Aramei fino a sterminarli".

Il re di Aram aveva ordinato ai suoi capi dei carri: "Non combattete contro uno piccolo o grande, se non contro il re di Israele.

La battaglia infuriò per quel giorno; il re di Israele stette sul carro di fronte agli Aramei sino alla sera e morì quando andò via il sole.

2Cronache 22, 5-6

Su consiglio di costoro entrò anche in guerra con Ioram figlio di Acab, re di Israele e contro Chazael re di Aram, in Ramot di Galaad, ma gli Aramei ferirono Ioram. Tornò a curarsi in Izreel per le ferite ricevute in Ramot mentre combatteva con Chazael re di Aram.

2Cronache 24, 23-24

Avvenne che al volgere dell'anno marciò contro di lui l'esercito di Aram. Essi andarono in Giuda e in Gerusalemme e sterminarono tutti i capi del popolo e inviarono l'intero bottino al re di Damasco. L'esercito di Aram era venuto con pochi uomini.

2Cronache 28, 5; 23

Il Signore suo Dio lo mise nelle mani del re di Aram e vinsero su di lui e gli presero un gran numero di prigionieri e andarono a Damasco.
Sacrificò agli dei di Damasco che lo avevano sconfitto e disse: "Poiché gli dei dei re di Aram aiutano i loro fedeli, io sacrificherò loro ed essi mi aiuteranno".

III.

Ricostruzione storica

Antecedenti degli Aramei: definizione etnico-geografica del nome Aram e del nome Akhlamu

Come è stato già ricordato in precedenza, la prima testimonianza considerata certa che possediamo sugli Aramei è costituita dagli annali di Tiglatpileser I, nei quali essi sono chiamati Akhlamu ^{KUR}Armaya^{MESH}. A lungo si è dibattuto sul significato di questo binomio, ma occorrerà parlarne in maniera analitica solo in seguito. Quella che ora bisogna tracciare è la vicenda storica del popolo aramaico sin dai primordi, tenendo come punto di riferimento storico questi testi, ma facendoli precedere cronologicamente dai documenti più antichi che ormai conosciamo.

Le prime testimonianze risalgono al III millennio a.C.; i documenti di questo periodo sono sporadici e isolati sia per quanto riguarda il termine *Aram* che per il nome *Akhlamu*: questa situazione rende difficoltoso comprendere e ricostruire il ruolo svolto dalle due componenti. Credo sia basilare quindi stabilire innanzitutto l'ambiente geografico in cui collocare questi nomi, siano essi toponimi, antroponimi o etnonimi, per tracciare un'area di appartenenza o di relazione; dopo aver passato al vaglio le diverse possibilità sarà conveniente inquadrare il contesto storico e gli eventuali cambiamenti sociali.

Il primo documento di cui si è discusso, l'iscrizione di Naram-Sin (2254-2218 a.C.) pubblicata nel 1911 da F. Thureau-Dangin, aprì un dibattito riguardo la collocazione geografica delle località menzionate, Aram, Am e i monti Tibar.

Il motivo che mi ha spinto a inserire questa iscrizione tra le fonti deriva semplicemente dalla volontà di illustrare le difficoltà legate alla collocazione dei siti presenti nelle fonti e quanto possano essere divergenti le interpretazioni degli studiosi. A proposito di questo dibattito rinviamo al precedente capitolo, essendo inutile commentare ulteriormente l'iscrizione, poiché la lettura del testo in seguito si è rivelata erronea.

L'incertezza geografica caratterizza comunque tutte le fonti del III millennio riguardanti il nome *Aram* come toponimo: mi riferisco alle località del cosiddetto Atlante della Mezzaluna fertile e dell'iscrizione *Wengler 22*; nel caso del primo documento siamo impossibilitati a proporre una collocazione a causa della totale mancanza di dati, tranne quello ovvio che questa località dovette in qualche maniera avere a che fare con la città di Ebla; per il documento proveniente da Puzurishdagan si può ipotizzare una posizione prossima a quella di Eshnunna che è chiaramente menzionaa nel testo (Ash-nun^{KI}): i nomi riportati sono quasi tutti accadici e la terminazione in –i e tipica dei toponimi di questa zona.

Un'ultima attestazione per il III millennio è costituita dall'iscrizione Keiser 159. Recante l'antroponimo Aramu e proveniente anch'essa da Puzurishdagan. Probabilmente l'ambientazione geografica è la medesima della precedente, ma tale considerazione rimane ipotetica.

Queste testimonianze rimandano alla regione del basso Tigri o forse anche più a nord, alle pendici dei monti Zagros:

tali menzioni dimostrano come l'esistenza dell'elemento aramaico fosse già presente in questa regione da tempi remoti e di molto precedenti alla supposta penetrazione al di là del Tigri, che ci fa ritrovare gli Aramei tra la Babilonia e l'Elam all'inizio dell'800, ma che non si riesce a collocare nel tempo e di cui non se ne possono ricostruire le modalità.

Le prime fonti del II millennio sono costituite dai nomi propri provenienti dalla Mari di Zimri-Lim e da Alalakh. Questi nomi propri presentano diverse varianti e a volte compaiono come composti. Composti sono anche i nomi hurriti risalenti al XV secolo a.C. rinvenuti nei testi di Alalakh e di Nippur.

Tutti questi documenti, se si eccettua quello da Nippur, rimandano a una zona geografica diversa da quella a cui fanno riferimento i dati precedenti. Evidentemente la presenza aramaica, già attestata per il III millennio nella zona del basso Tigri, continua a sussistervi. Rappresenta invece una novità l'"arrivo" dell'elemento aramaico sul medio Eufrate e in Siria. Ovviamente siamo qui costretti a utilizzare la parola "arrivo" a causa delle fonti di cui disponiamo; in realtà la sporadicità di queste non ci permette di stabilire se genti aramaiche fossero già presenti nella zona siriana da tempo.

Con una particolare importanza ricordiamo ora le tavolette provenienti da Ugarit; qui, infatti, per la prima volta compare l'etnonimo Aramei nella forma di plurale obliquo in –ima (a-ra-mi-ma). Se dunque si considerano tutti i nomi da Ugarit come degli etnici, si potrebbe dare questa lettura anche ai termini più antichi. Penso che come tali siano da valutare anche i due nomi che si trovano nei documenti egizi e che con molta probabilità indicano lo stesso luogo. Se il termine inciso sulla statua di Amenhotep III e parte di una lista di toponimi, è anche vero che il dimostrativo *pa* è seguito da un plurale e che il determinativo utilizzato non è quello di luogo, ma quello indicante l'uomo. Le zone mezionate, si è detto, dovrebbero corrispondere a quelle della valle della Beqaa e di Canaan.

La geografia che fa da sfondo a tutti questi documenti è molteplice e varia; seguendo le fonti, gruppi aramaici si trovavano alle pendici degli Zagros da una parte e nell'alta Siria e giù fino a Canaan dall'altra; nomi sono poi ricordati nella zona centrale dell'Eufrate (ricordiamo le tavolette di Zimri-Lim). Per questo motivo credo che il nome Aram, così diffuso in zone anche lontane tra loro, deve essere nato in uno spazio e in un momento comune da cui si diffuse successivamente percorrendo vie diverse. Attraverso gli elementi che abbiamo analizzato finora è difficoltoso ricostruire quella situazione e credo sia necessario attendere altre informazioni per tracciare un quadro più chiaro.

La seconda categoria di fonti riportate riguarda il nome Akhlamu; vista la stretta connessione che intercorre tra questo termine e il nome *Aram* nei testi di Tiglatpileser I, ne ripercorreremo le diverse attestazioni, a partire dal II millennio.

L'appellativo *Akhlamu* compare una sola volta come nome proprio ed è probabilmente da intendere come una denominazione personale derivata da un termine più lato e generico; infatti, negli altri casi connota gruppi ampi di uomini ostili, pericolosi, violenti e dediti alla razzia, secondo la descrizione più tipizzata dei nomadi. Non è mai menzionato alcun capo o alcuna entità statale che possa svolgere il ruolo di interlocutore con i sedentari: per questo non si possono trovare accordi e neanche tentare pacificazioni. Dal punto di vista geografico li troviamo soprattutto in relazione a Babilonia (e nel Bahrein), dai tempi di Rim-Anum a quelli di Kadashman-Enlil III.

Riguardo al significato e all'etimologia di questo termine si è dscusso a lungo in riferimento ai testi di Tiglatpileser I e al binomio Akhlamu Armaya che qui non è presente: in alcun modo il nome Aram sembra legato al termine Akhlamu nei periodi precedenti.

Nelle prime fonti regali assire riportate, quelle che vanno da Adad-Nirari I ad Ashur-resh-ishi, il nome Aram non è presente, mentre gli Akhlamu sono nuovamente presentati come delle orde di guerrieri provenienti dalle montagne, alleati e, a mio parere, al soldo dei nemici di Assur.

Queste orde di Akhlamu sono menzionate per la prima volta nei testi di Adad-nirari I (1305-1274 a.C.). Con il regno medio-assiro le fonti tornano a essere numerose dopo quattro secoli di scarsa documentazione. Nel testo di questo sovrano gli Akhlamu sono nominati insieme a Sutu e Yauru, come tre gruppi precisi e distinti. Il riferimento geografico è alle montagne e alle colline dei Qutu, tribù discendenti dagli antichi abitanti di Gutium e abitanti a nord-est della Mesopotamia, e alla terra di Katmukhu; il sovrano assiro si occupa in maniera particolare delle terre settentrionali, portando avanti le sue conquiste fino a Elakhut, nella valle dell'Eufrate a nord di Karkemish.

Salmanassar I (1273-1244 a.C.) ribadisce che la zona di appartenenza di queste genti è quella al di sotto dei monti Kashiari e il ruolo che essi svolgono è nuovamente quello di cobelligeranti con KKhanigalbat; ma il re assiro attua una politica diversa da quella del suo predecessore: KKhanigalbat perde la sua autonomia, le popolazioni vinte sono deportate e nel giro di pochi anni sono del tutto assirizzate e integrate.

Nella testimonianza di Tukulti-Ninurta I (1243-1207 a.C.) sono elencati numerosi luoghi di cui i primi tre sono Mari, Khana e Rapiqu, mentre la quarta menzione è costituita dalle montagne degli Akhlamu. Come ho già accennato nel precedente capitolo, non essendoci altre connotazioni geografiche, gli studiosi sono stati indotti a pensare che la zona in cui essi si dovevano trovare fosse quella del Gebel Bishri; penso che in realtà siano giunti a tale considerazione con il presupposto di dover trovare un dato coincidente con le conclusioni che erano state già tratte riguardo al luogo d'origine degli Aramei. L'impressione che io ho ricevuto da questo documento è una particolare associazione a Rapiqu e quindi sì al medio Eufrate, ma anche di nuovo a Babilonia.

Le iscrizioni dei re assiri, rispetto ai documenti più antichi, fanno luce su un'altra zona geografica, la regione di Katmukhu e dei monti Kashiari. Gli Akhlamu compaiono così non più solo in relazione a Babilonia, ma anche nelle terre settentrionali: ciò che emerge da queste attestazioni è che il loro ambiente naturale fosse quello delle montagne del nord e dell'est, dalle quali discendevano per compiere razzie a danno dei sedentari. Ancora non compaiono, però, fattori per poter collegare questo elemento a quello aramaico.

L'ultima attestazione precedente a Tiglatpileser I è quella di Ashur-resh-ishi (1132-1115 a.C.), in cui le informazioni che riceviamo sono un'altra volta quelle di un popolo originario dei monti e combattente, connesso ad altri abitanti dei rilievi, i Qutu e i Lullumu.

Associati ad altre genti notoriamente provenienti dalle montagne, gli Akhlamu sono costantemente descritti come guerrieri, spesso mercenari, difficili da sconfiggere, come dimostra la loro persistenza nell'arco di tutto il II millennio; li troviamo dapprima in relazione a Babilonia, poi nelle alte terre del nord-est da cui discendevano seguendo la linea delle montagne e dei corsi d'acqua, soprattutto verso il medio Eufrate.

Il periodo medio-assiro: dagli Akhlamu Armaya agli Aramei

Il momento centrale della nostra indagine è costituito dai testi di Tiglatpileser I. In questi documenti per la prima volta i due nomi studiati sono accorpati nel binomio Akhlamu Armaya, sul cui significato si è a lungo dibattuto senza per altro giungere a una interpretazione da tutti condivisa. A questo proposito voglio ricordare sommariamente le teorie più diffuse: a) gli Akhlamu sono un gruppo numeroso composto da diverse tribù; gli Aramei a un certo punto emergono tra gli altri affermando anche il loro nome (Dupont-Sommer); b) le coppie di nomi costituiscono un tipo di denominazione abbastanza diffuso, o per ignoranza o per una effettiva mescolanza tra i gruppi (Kupper); sono due nomi di gruppi indipendenti tra loro, ma con qualche contatto (Moscati); c) il primo elemento costituisce il nome del popolo, mentre il secondo è un aggettivo di appartenenza: si tratta di una parte di Akhlamu che si trova in relazione ad Aram (Sacchi); d) Akhlamu indica il concetto generico di "nomade" (Malamat), mentre Armaya l'etna (Teixidor); e) il nome Armaya è semplicemente una designazione etnica che indica i seminomadi, così come in passato accadeva per Amorrei, Sutu e Akhlamu (Schwartz). Ma andiamo ad analizzare queste teorie in maniera più dettagliata.

Dupont-Sommer si chiede come mai verso la fine del XII secolo gli Akhlamu si trovino accoppiati agli Aramei, fino a esserne poi soppiantati. Egli crede che gli Aramei fossero parte integrante del gruppo Akhlamu, ma che in seguito abbiano preso il sopravvento sulle altre tribù dello stesso gruppo imponendo anche il loro nome. A questo proposito porta come paragone la situazione degli Israeliti che nel corso della storia soppiantarono più o meno il nome Ebrei.

Kupper sottolinea il fatto che le coppie di nomi siano un fenomeno abbastanza diffuso (Beniaminiti-Khanei; Sutu-Amorrei) e ipotizza due possibili risposte: o questi binomi sono il riflesso di una reale ignoranza su questi gruppi o si verificò una mistione tra gruppi diversi. Se questa seconda ipotesi fosse veritiera, allora non vi sarebbe più la possibilità di identificare gli Aramei con una parte degli Akhlamu.

È ben nota invece la critica di Moscati a chi fa derivare il nome Akhlamu dalla radice araba khlm; egli sostiene innanzitutto che il significato sia stato travisato: consultando i vari dizionari si trovano i significati più disparati tra i quali "amico della donna" sembra essere quello cui si attinge per rendere il significato distorto di "amico, socio". Oltre a questo dato ne riporta altri di tipo morfologico, come abbiamo già visto. La sua conclusione è quella di considerare il binomio come la denominazione di due gruppi indipendenti ma con dei contatti.

Sacchi giunge invece a un altro risultato. Egli considera artificiosa l'idea dell'identificazione e della compenetrazione dei due gruppi per i seguenti motivi: gli Akhlamu sono associati al nome Armaya solo per un breve periodo; gli Akhlamu sono dei nomadi, mentre gli Aramei vengono descritti come sedentari; se la mescolanza fosse sfociata in una fusione vera e propria si sarebbe adottato un solo nome. L'esito del suo studio è questo: l'accostamento dei due termini reca il significato di "quella parte degli Akhlamu che si trova in relazione ad Aram".

Malamat ritiene che questa coppia di nomi denoti un'associazione di gruppi nomadici, in analogia con altre coppie di nomi di tribù, come Amnanu-Yahrurum, Hana-DUMU.MESH-Yamina, Amurru-Sutium. Lo studioso pensa

94

che una delle due componenti indichi il concetto generico di nomade, come deve essere accaduto per Akhlamu e Sutu. Nota poi una particolare tendenza del nome Aram a formare delle coppie: ricorda Aram-Naharaim, Aram-Zobah, Aram-Damasco, Aram-Beth-Rehob e Aram-Maacah.

Schwartz considera il termine Aramei come una nuova designazione etnica per i gruppi di pastori nomadi della zona dell'Eufrate e del Khabur. In relazione a ciò ricorda gli Amorrei delle lettere di Mari, i primi di questi gruppi, i Sutu, che inizialmente compaiono tra il deserto siriano e la Mesopotamia, e gli Akhlamu nominati nelle fonti assire soprattutto nella metà del II millennio a.C.

Zadok crede invece che il primo termine sia un gentilizio accadico, mentre il secondo indichi la nisbe aramaica. Della stessa opinione è anche Teixidor.

La mia opinione in proposito si discosta in parte da quelle qui riportate; credo infatti che gli studiosi non abbiano considerato a sufficienza la situazione più antica e quindi i caratteri propri a queste due componenti. Ho già detto come gli Akhlamu siano costantemente presentati come guerrieri, anche mercenari, molto numerosi. Conosciamo il loro ambiente naturale, quello delle montagne, ma non un nome di luogo né di un capo: sono dunque dei nomadi o seminomadi dotati di una estrema mobilità.

Contemporaneamente esistevano già dei nomi di persona, o etnici, e di luogo formati dalla radice *aram*. Se le regioni geografiche toccate sono spesso le medesime, le peculiarità di questi gruppi sono differenti. Tuttavia a questo devo anteporre un'osservazione: il fatto che siano esistite sin dall'inizio delle nostre fonti delle città in relazione agli Aramei, a mio parere, non basta a connotarli come sedentari; innanzitutto di un fatto bisogna tener conto: quando gli Aramei daranno vita alle entità statali della Siria, queste saranno improntate su modelli istituzionali di tipo gentilizio; inoltre, i siti menzionati nelle fonti potrebbero essere solo dei piccoli stanziamenti, come quelli che Tiglatpileser I distruggerà presso il Gebel Bishri.

Giungendo dunque al contesto riguardante questo sovrano penso che la reale situazione sia stata la seguente. Si tratta di alcuni dei gruppi di Aramei in espansione verso la zona del medio Eufrate, quella stessa zona geografica frequentata dai seminomadi Akhlamu. Certamente la relazione tra gli Akhlamu Armaya di questo periodo e gli Aramei che incontreremo successivamente non solo è molto stretta: si tratta di uno sviluppo vero e proprio da uno spesso raggruppamento legato a istituzioni di tipo gentilizio, verso strutture più stabili che sfoceranno nella tipologia dello stato nazionale.

Ricordiamo che il periodo storico è molto particolare: ci troviamo in un momento di crisi diffusa e purtroppo per il periodo immediatamente seguente non possediamo fonti che possano testimoniare il passo successivo di questa evoluzione.

Il nome Armaya è da connettere a un toponimo ben determinato presente nei testi di questo sovrano come in quelli dei suoi successori, KUR a-ru-mu (nelle sue diverse vocalizzazioni), ambiente naturale di questi seminomadi in espansione. Per quanto riguarda invece il secondo termine del binomio, il nome Akhlamu, il problema rimane aperto visto che siamo impossibilitati a ricavare un'etimologia certa, mentre possiamo solamente portare avanti delle tesi personali. Essendo a mio parere così evidente che si voglia distinguere tra le genti aramaiche in espansione e la loro terra di origine, penso che questo secondo nome stia lì a sottolineare che si tratta di gruppi, di bande di uomini dei quali si conosce la provenienza, ma che sono ora considerati alla stregua di tutti gli altri nomadi montanari che "da sempre" hanno invaso le terre dei sedentari compiendo razzie e saccheggi, ma che in particolare sono detti Akhlamu a causa della frequentazione dei medesimo luoghi geografici; dopo questo momento storico su questo nome composto prevarrà l'appellativo derivato dal toponimo d'origine. Quel che più stupisce è che accanto alle diverse interpretazioni del termine Akhlamu non ne troviamo riguardo al nome Aram; in effetti, riuscire a individuare il significato di questo nome è davvero complicato, ma credo che uno spunto potrebbe derivare dal fatto che Aram è un nome dato dagli Armeni ai loro figli maschi ancora oggi: in seguito la relazione con l'Armenia apparirà ancora più stretta e questa idea più plausibile.

Andando anche al di là del problema del significato di queste parole, esistono altri elementi interessanti da analizzare.

Innanzitutto, ricordiamo che l'impresa bellica del sovrano assiro è reiterata per ventotto volte, come sottolinea egli stesso: pur ammettendo che questo numero sia riferito ai viaggi di andata e ritorno, si deve riflettere su questo numero così elevato, sulla reale entità di queste pressioni, così forti e continue, e sul pericolo da esse rappresentato. Anche nelle iscrizioni precedenti gli Akhlamu erano connotati come pericolosi e difficili da estirpare, ma in questa circostanza sembra che i palazzi non riescano a controllare la situazione creatasi in quegli spazi vuoti sempre più ampi. Le iscrizioni forniscono dei dati di tipo geografico che testimoniano proprio l'ampiezza di questi territori, da Tadmar a Rapiqu. Questa zona corrisponde solo in parte a quella in cui abbiamo trovato gli Aramei nei periodi più antichi. Questi documenti testimoniano quindi una conquista di spazi dalle zone montuose e dalla Siria verso sud.

Ma cerchiamo di ricostruire la storia nel suo complesso. Nel XII secolo si verifica una serie di crisi diverse ma concatenate tra loro. Il sistema politico vicino-orientale collassa sotto la spinta di invasori provenienti dall'Occidente, ma l'incapacità di fermare e respingere queste migrazioni è dovuta a dei fattori interni; innanzitutto quello sociale: i nuclei familiari dei villaggi si disgregano per fenomeni come l'asservimento per debiti; attorno al palazzo ruota una solidarietà di classe disinteressata all'economia rurale in difficoltà; questo disagio e una crisi produttiva, causata anche dalla siccità, portano a un abbassamento dei tassi di natalità, penuria e pestilenze. I palazzi non sono in grado di gestire la situazione, dapprima per mancanza di volontà, poi per incapacità, e sono essi stessi a subire un indebolimento del proprio sistema. Si formano così quegli spazi di cui si è parlato prima, nei quali si crea un nuovo polo di attrazione politica, con tradizioni e istituzioni diverse.

Un altro dato interessante si trova nell'iscrizione estrapolata dagli annali, dove Tiglatpileser I si vanta della conquista di sei città che si trovavano ai piedi del monte Bishri. Questo dato è per Dupont-Sommer un indizio dell'avvenuta sedentarizzazione di queste genti; in realtà il termine *alanu*, che indicherebbe le città, può essere letto anche come uno stanziamento minore; Sacchi ci ricorda, infatti, che nei testi di Mari, del 1700 a.C. ca., questa parola indica proprio un tipo di insediamento ridotto. Inoltre credo che la menzione del deserto deponga a sfavore della teoria di Dupont-Sommer. Un elemento aggiuntivo a questo proposito potrebbe derivare da una conoscenza maggiore della struttura politica del loro paese, ma come nella loro terra fossero organizzati non sappiamo, tanto che addirittura di un unico re abbiamo notizia, del contemporaneo di Assur-rabi II.

Come per il precedente gruppo di iscrizioni, anche per quello di Ashur-bel-kala è opportuno fare delle osservazioni e mettere in rilievo alcuni elementi.

Anche per questo sovrano gli Aramei rappresentano un pericolo continuo che non indietreggia davanti alle numerose spedizioni e ai saccheggi e che è attivo non solo lungo l'Eufrate ma, come già in passato, nel nord tra i monti Kashiari e più a sud lungo la valle del Khabur. Rispetto alle iscrizioni di Tiglatpileser I, qui il nome per indicare il nemico è semplicemente quello di Aramei: qualcosa dunque è cambiato; credo che ci siano alcune possibilità di interpretazione: lo stile letterario è diverso rispetto a quello passato, tanto che è proprio nell'iscrizione frammentaria da Assur, l'ultima riportata, nella quale riecheggia la fraseologia di Tiglatpileser I, che è utilizzato nuovamente il nome Akhlamu; ma credo che al di là di un motivo stilistico ci possa essere un'altra spiegazione: immediatamente dopo il regno di Ashur-bel-kala ha inizio per l'Assiria un periodo di decadenza che si manifesta attraverso le effettive difficoltà a tenere sotto controllo la valle del Khabur e il pedemonte di Tur Abdin e con una parziale ritirata dai territori della Siria. Credo che già durante questo periodo possano essersi formati dei raggruppamenti maggiori che daranno vita a entità statali vere e proprie. Questo aspetto potrebbe spiegare l'uso del semplice "Aramei": si tratta di un interlocutore che inizia a definirsi con maggiore chiarezza e senza più alcuna connotazione seminomadica relazionabile agli Akhlamu.

Quel che maggiormente colpisce nella lettura dei testi contenuti nell'Obelisco spezzato è il fatto che numerose volte compare la locuzione KASKAL sha KURArimi, interpretato come "contingente di Aramei". Ora si tratta di capire di quale tipo di contingente si parli: da una parte è stato interpretato come un contingente di carovane; dall'altro come un contingente di militari. Credo che sia molto difficile pervenire a una spiegazione certa. La prima interpretazione può trarre validità dal fatto che queste genti sono evidentemente dotate di una certa mobilità; d'altra parte le testimonianze che possediamo sottolineano sempre come esse godano di caratteristiche di combattenti; inoltre la situazione descritta è evidentemente quella di una condizione di belligeranza. Alcuni concetti devono essere sottolineati a questo proposito: riguardo alla prima teoria i significati corrispondenti alla parola kharranu, e al relativo logogramma sumerico KASKAL, riportati da W. Von Soden nel suo *Akkadisches Handworterbuch* (vol. I, Wiesbaden 1965, pp. 326-327) sono i seguenti: via, strada, viaggio, carovana. Riguardo alla seconda ipotesi, oltre alle motivazioni già addotte, sono da evidenziare i riferimenti alle città, località ben precise, confacenti più a genti stanziali che a tribù carovaniere.

C'è un altro dato ancora che ritengo notevole e di cui bisogna tener conto. Osservando la carta geografica in relazione alle iscrizioni di questo sovrano, si può ben vedere come la principale ambientazione geografica è quella della terra di Shubru, dei monti Kashiari, della zona del Khabur e a sud fino a Dur-Katlimmu. Ritengo però che l'interpretazione più corretta del testo accadico sia quella di considerare KURArimi come un toponimo legato al KURArumu di cui si è già detto: certamente non si tratta di quel nucleo originario, ma di un territorio ampliato in cui la presenza aramaica doveva essere comunque molto forte e costante.

L'Assiria di Tiglatpileser I vive un periodo di grande potenza, ma solo temporanea: era stata preceduta da un periodo di oscurità che comincerà nuovamente con il suo successore e dalla quale si riprenderà tra la metà del X secolo e la metà del IX secolo.

Le entità statali e le tribù dell'est

Studiando le campagne del periodo neo-assiro risulta evidente come vi sia una forte presenza nelle terre settentrionali. Ashur-dan II per primo riprende l'impegno di recuperare gli antichi possedimenti e fornisce notizie anche riguardo al momento storico in cui determinate terre andarono perdute a vantaggio degli Aramei. La zona geografica è quella compresa tra il Tigri e lo Zab superiore.

Con Adad-nirari II, però, iniziano a comparire anche riferimenti agli stati aramaici di Siria; dapprima fornisce la descrizione della campagna verso Bit-Adini: si diresse verso KKhanigalbat dove conquistò la città di Khuzirina. Occupò le città che si trovavano ai piedi dei monti Kashiari e che erano state prese da Mamli il temanita. Colloca poi la tribù di Adini, da cui ricevette dei doni, sull'Eufrate. In una seconda campagna narra che dopo essersi diretto verso Khanigalbat, ne riscosse il tributo e racchiuse questa terra nei confini dell'Assiria. Oltrepassò il Khabur e si diresse verso la città di Guzana, governata da Abisalamu figlio di Bakhiani. Entrò nella città di Sikan che si trovava alla sorgente del Khabur e impose su di essa un tributo.

Questi sono solo due esempi di come Adad-nirari II e i sovrani successivi, con le loro descrizioni e alcuni punti di riferimento, ci permettono di collocare questi stati, ma, per quanto riguarda l'estensione geografica, non è possibile delineare dei confini precisi.

Per quanto concerne la loro nascita non si può pensare che gli Aramei li abbiano formati una volta "giunti" nella zona siriana o che abbiano preso il potere con la forza: in realtà rappresentano la manifestazione e l'attuazione sul piano politico di un elemento già presente in questo territorio da tempo, elemento favorito dagli sconvolgimenti generali del XII secolo e dalla conseguente disintegrazione dell'impero hittita e di quello egiziano. Nella prima area si costituiranno in maniera compatta i cosiddetti regni neo-hittiti; nella seconda zona troviamo lungo la costa mediterranea le città fenicie, poi alcuni principati fondati dai Popoli del Mare e la serie degli stati aramaici; più a sud le tribù israelitiche, che verso l'inizio del X secolo a.C. si uniranno politicamente, e vari gruppi come quelli degli Ammoniti, dei Moabiti e degli Edomiti. La popolazione aramaica riesce a occupare gran parte del territorio eccetto che lungo la costa. Nascono in questo modo gli stati nazionali che vanno a sostituire i vecchi stati territoriali, distinguendosi da questi soprattutto a livello istituzionale e ideologico. Per altri tratti si mostrano molto simili alla realtà che li ha preceduti, confermando il fatto che fossero una componente già esistente nella zona; questo fatto è verificabile in special modo nell'ambito dell'onomastica e dei nomi divini. Uno studio in proposito, condotto da M. Liverani nel 1962, ha rilevato come gli elementi di continuità siano stati ben più numerosi delle innovazioni, legando strettamente l'onomastica degli stati aramaici con quella del secondo millennio.

D'altra parte, incontriamo numerose tribù aramaiche in Babilonia e a Est del Tigri, le quali si trovarono inserite in una situazione sociale e culturale differente. Si tratta di circa quaranta tribù, alcune delle quali costituite da gruppi molto piccoli, rette da singoli capi detti *nasiku* nelle fonti assire. Tra queste ricordiamo come le più importanti quelle dei Pqudu e dei Gambulu a est del basso Tigri; quella degli Utuate sul medio Tigri; quella dei Laqe sul medio Eufrate; nella bassa Mesopotamia abitavano invece i Caldei suddivisi in cinque tribù, ma per i quali un'appartenenza agli Aramei è da escludere poiché nei testi vengono distinti.

Non sono noti né il momento storico né la modalità con cui gli Aramei oltrepassarono il Tigri in gran numero. In proposito J. A. Brinkman presenta tre teorie che sono possibili ma non provate; la prima relaziona strettamente gli Aramei ai più antichi Amorrei e propone una lenta trasformazione; i due gruppi abitarono molte delle stesse zone, in Siria, lungo il medio Eufrate e nella Babilonia sud-orientale; inoltre nei nomi dei capi aramei sarebbero presenti alcuni elementi contenuti nei nomi degli Amorrei invasori di Babilonia.

La seconda teoria colloca agli inizi dell'XI secolo l'invasione e lo stanziamento degli Aramei in Babilonia. Una prima ondata sarebbe penetrata in Assiria verso la fine del regno di Tiglatpileser I e successivamente avrebbe invaso anche la Babilonia, come risulta dall'avvento al trono di Adad-appla-iddina, "Arameo usurpatore". In verità esistono però dei dubbi riguardo questa vicenda, soprattutto perché la tradizione non è unanime ed è difficile pensare che il re assiro abbia volutamente prestato aiuto a un elemento che costituiva una minaccia per le sue frontiere, al di là di qualsiasi altro progetto politico abbia voluto portare avanti.

La terza teoria ipotizza una infiltrazione aramaica intorno all'800 a.C., non essendoci attestazioni assire o babilonesi precedenti: nelle loro campagne a est del Tigri i re assiri non menzionano gli Aramei in questa zona prima del periodo di Tiglatpileser III. In realtà, invece, troviamo le attestazioni più antiche sugli Aramei proprio in rapporto a questa zona geografica.

Tornando all'area siriana, constatiamo che mentre il periodo iniziale di assestamento degli stati aramaici di Siria non ci è narrato dalle fonti assire e locali, queste iniziano a comparire con la loro avvenuta formazione; un caso a parte occupano ovviamente le narrazioni dell'Antico Testamento, che riguardano però solamente gli stati meridionali e le loro vicende a raggio locale in rapporto agli Israeliti.

A questo punto ritengo opportuno mettere temporaneamente in disparte le narrazioni dei sovrani dell'Assiria per occuparci dei passi veterotestamentari che raccontano delle vicende di genti, stati e altri luoghi connessi ad *Aram*.

Nell'Antico Testamento termini formati con la radice *aram* esistono come antroponimi, come etnonimi e come toponimi. Nel primo caso il nome si trova inserito in una lista genealogica, come in Gn. 10, 22-23, dove Aram è uno dei mitici discendenti di Sem insieme a Elam, Assur, Arpakshad e Lud, mentre è a sua volta padre di Uz, Chul Gheter e Mash. Con alcune varianti la lista è riportata nel primo libro delle Cronache (1Cr. 1, 17); altrove questo nome è riportato senza che se ne narrino ulteriori vicende, sempre inserito in una lista genealogica, ma come figlio di Kemuel (v. Gn. 22, 20-24). Per concludere ricorderò che questo nome compare ancora una volta nel primo libro delle Cronache: in 1Cr. 7, 34 è scritto: "Figli di Shomer suo fratello: Roga, Cubba e Aram". Le testimonianze che riportano questo sostantivo come etnonimo e antroponimo possono essere ricondotte a una stessa tipologia di dati; infatti, come anche altrove, l'etnonimo deriva dal toponimo, anche se in diversi casi i nomi di luogo sono composti. In numerosi passi si nominano gli Aramei semplicemente così, mentre i nomi dei luoghi sono vari; innanzitutto occorre fare una distinzione tra i toponimi Aram Naharaim e Paddan-

Aram e i nomi degli stati aramaici che in diverse vicende di guerra hanno intrecciato la loro vita a quella degli Israeliti. In questa ricostruzione sarà opportuno procedere per ordine cronologico e geografico, prendendo quindi le mosse dai primi due binomi.

La vicenda storica ricostruibile in base alle fonti giudaiche che fanno menzione di questi luoghi è la seguente: all'età di settantacinque anni Abramo parte da Kharran con la moglie Sarai e il figlio di suo fratello Loth, ma anche con beni e altri uomini, per giungere alla terra di Canaan, allora abitata dai Cananei. Kharran era dunque l'originaria patria di Abramo e dei suoi padri. In seguito Abramo deve procurare una moglie per suo figlio Isacco, ma per fare questo invia il suo servo più anziano in quello stesso luogo d'origine, dove ancora vive Nacor, fratello di Abramo. Quel che qui più interessa è che la regione verso cui si incammina il servo è detta Aram Naharaim ed è la prima attestazione biblica di questo nome e l'unica a comparire nel libro della Genesi; infatti, quando successivamente si parlerà della terra patria, anche in relazione alle vicissitudini di Giacobbe e sua moglie, sarà usato il nome di Paddan-Aram. La collocazione geografica è certa, ma destano comunque curiosità e interesse i due nomi, sia per la loro etimologia sia per un eventuale riferimento geografico più preciso: la regione è evidentemente quella di Kharran, ma andiamo a vedere cosa indicano in particolare queste due coppie di nomi.

L'opinione comunemente accettata vuole che questi luoghi siano rispettivamente una regione e un distretto all'interno di essa, sempre in riferimento alla zona della città di Kharran, con il significato per il primo di "Aram dei due fiumi", cioè la regione detta Jezireh, che si estendeva tra il Khabur e il medio Eufrate, e per il secondo lo stesso significato di Kharran (padanu=harranu, in accadico "strada, via"), mentre secondo altri reca il senso di "campo di Aram". Ma su questo argomento torneremo in seguito, per accogliere in questa discussione anche altri toponimi contenuti nelle fonti egizie, assire e urartee.

Oltre ai nomi degli stati, troviamo un'indicazione geografica sul toponimo Aram in Numeri 23, 7, dove si scorge un'associazione tra questa terra e le montagne dell'est. Anche in Isaia 9, 11 leggiamo: "Gli Aramei dall'oriente e i Filistei dall'occidente..."; si tratta ovviamente di gruppi distinti e successivi rispetto a quelli di cui si è parlato in relazione a Kharran, eppure questo dato deve aver portato molti studiosi a ricercare il luogo d'origine degli Aramei proprio in queste montagne dell'est, nel Gebel Bishri.

A. Malamat pone invece l'accento sul passo contenuto in Amos 9, 7, in cui è detto: "... Non ho fatto uscire io Israele dal paese d'Egitto e i Filistei da Kaftor e gli Aramei da Kir?". Secondo lo studioso Kir è la terra di provenienza degli Aramei e sarebbe da situare vicino all'Elam, in base al testo di Isaia 22, 6: "Elam ha preso la faretra, Aram i cavalli da tiro e Kir ha tolto il fodero allo scudo". Egli stesso si pone dei dubbi riguardo a questa teoria poiché in Amos 1, 5 e in 2Re 16, 9 Kir è il luogo dove gli Aramei di Damasco sarebbero destinati all'esilio.

Io credo che in realtà anche nella prima parte vi siano degli elementi poco conformi a questa ipotesi; innanzitutto il primo passo citato indica la fuoriuscita da un paese sì, ma da un evidente stato di "cattività": se nella prima citazione potrebbe essere presente una tradizione oscura dell'origine degli Aramei, laddove il luogo dell'esilio corrisponde proprio a quello di provenienza, nella seconda citazione Aram e Kir appaiono, insieme a Elam, come degli elementi distinti. Le altre occorrenze del nome *Aram* riguardano le vicende di diversi stati aramaici e delle popolazioni aramaiche correlate.

Quel che qui interessa non è ripercorrerne le vicissitudini, che sono quelle relazionate agli Israeliti, ma tentare una ricostruzione di questo periodo formativo, altrove non documentato. Del periodo dei Giudici abbiamo notizia del re di un Aram non meglio specificato, Cushan Rishataim, il primo di cui conosciamo le lotte contro Israele. In un momento successivo dovette godere di una particolare importanza il regno di Zoba, che si trovava nella valle della Beqaa e la cui pluralità di sovrani riconosceva a Hadadezer la supremazia, soprattutto negli scontri contro David. Un altro stato di grande rilevanza fu quello che ruotava attorno a Damasco, situato in una terra bene irrigata e luogo in cui le carovaniere provenienti dall'Arabia meridionale giungevano per poi dividersi nelle rotte verso il mare, verso la Siria del nord o verso il medio Eufrate. Riguardo questa città non sappiamo quando gli Aramei vi giunsero. Anche questo centro che faceva capo a Hadadezer fu coivolto nelle lotte contro David, ma ben presto, con il "colpo di stato" del generale Rezon, si rese indipendente dando vita a una propria dinastia, quella dei Bar-Hadad (Ben-Hadad nella Bibbia).

Gli avvicendamenti dei regni aramaici vedono un coinvolgimento dell'Assiria solo sotto Salmanassar III, quando le lotte locali lasceranno il posto ai combattimenti contro il grande nemico comune. Probabilmente anche la situazione degli stati che conosciamo attraverso la documentazione successiva dovette essere molto simile a questa degli stati meridionali, con sovrani locali a capo di territori più o meno ampi e forse dai confini ancora molto incerti.

Numerose dovettero essere dunque le diverse entità statali, a sud quelle di cui portano testimonianza solamente i passi biblici, nella zona dell'alto Giordano Beth Rekhob,

Ma'akah e Geshur, poi Damasco e Soba; più a settentrione quelli direttamente accertati dalle fonti locali, sul medio Oronte Hama, poi Bit-Agusi con capitale Arpad, Bit-Adini con capitale Til Barsip, Ya'udi con capitale Sam'al alle pendici del Tauro, e in Alta Mesopotamia Bit-Bakhyani con capitale Guzana; verso nord-est, fino all'alto Eufrate, quelli di cui narrano solo i testi assiri, vari nella valle del Khabur, Bit-Asalli e Bit-Halupe, fino a Bit-Zamani sull'alto Tigri, lo stato più settentrionale.

Non bisogna inoltre dimenticare che la scoperta relativamente recente dell'iscrizione di Bukan, del tutto simile alle iscrizioni siriane di Tell Feckeriye e di Sefire, sia dal punto di vista linguistico che dal punto di vista stilistico e dei contenuti, ci porta a collocare un altro stato aramaico a sud-est del lago Urmia, nell'Azerbaijan iranico. Essendo questo un fattore nuovo ritengo opportuno occuparci più a fondo di tale iscrizione ed esaminare le informazioni ricavabili dal testo, verificare la natura della presenza aramaica in questa zona e rintracciare i legami che intercorsero tra i diversi stati.

L'iscrizione è composta di due frammenti, rinvenuti l'uno durante gli scavi di Tepe Qalaychi, l'altro, meglio conservato del precedente, dal mercato antiquario. Su basi geografiche l'iscrizione è stata datata all'VIII secolo a.C. Sono leggibili quasi completamente tredici linee in caratteri aramaici, che secondo M. A. Lemaire costituirebbero solamente la parte finale di un testo molto più lungo. A giudizio dello studioso questa costituirebbe la prima iscrizione ufficiale del regno dei Mannei e l'espressione "Haldi che è in Z'TR" sarebbe un riferimento al tempio di Haldi nella capitale della Mannea che conosciamo grazie ai testi assiri come Zirta/Izirtu e da identificare proprio con Tepe Qalaychi; questa supposizione dovrà essere ovviamente avallata dai dati archeologici, anche per via della lettura Z'TR che è incerta e alquanto difficile riconoscere nel testo originale. Ma esistono altre oggettive difficoltà a questa teoria: la prima è costituita proprio dalla presenza del nome di Haldi alla linea 5 e alle linee 12 e 13; Lemaire riconosce infatti che Haldi è noto specialmente come grande dio dell'Urartu, ma spiega, come ho già riportato, che probabilmente ebbe un culto anche nella capitale dei Mannei. La lettura del nome Hadad, dio tipicamente aramaico, è invece incerta, ma molto probabile. L'attestazione di queste due divinità crea uno stretto legame con la cultura aramaica e quella urartea, mentre non sono presenti le grandi divinità assire, come per esempio Assur. Siamo in presenza dunque di un'iscrizione aramaica in cui sono menzionate due divinità, l'una aramaica, l'altra strettamente connessa all'Urartu e in cui la forma delle lettere e le formule di maledizione sono conformi a quelle dei trattati di Sefire e dell'iscrizione di Tell Fekheriye. In secondo luogo, esiste una effettiva difficoltà geografica: come ricorda anche M. Salvini, il paese di Mana o Mannea delle fonti cuneiformi urartee e assire, doveva trovarsi parecchio a sud del lago Urmia, nel Kurdistan iranico.

Non essendo affatto certa la ricostruzione proposta da Lemaire, è possibile tentare altre interpretazioni. A mio giudizio, i dati raccolti circa questa iscrizione portano a pensare più a un'entità statale aramaica della medesima tipologia di quelle siriane piuttosto che a una capitale mannea in cui erano vivi culti appartenenti a tradizioni straniere. Come accadeva abitualmente nelle altre iscrizioni aramaiche, anche questa nella sua prima parte doveva contenere certamente il nome del sovrano, la sua discendenza e il titolo regale; Z'TR fu probabilmente la capitale di questo stato, nel cui pantheon compaiono due divinità principali: l'una, Hadad, tipicamente aramaica, l'altra, Haldi, legata principalmente all'Urartu, non così estranea alla cultura aramaica come generalmente si pensa. Apparentemente può sembrare poco sensato collocare un'entità statale in una regione tanto distante dalla Siria, ma in realtà inserendo un altro tassello in questo mosaico geografico la situazione apparirà più chiara. Ma andiamo per ordine.

Negli annali di Salmanassar III è menzionato per la prima volta quello che conosciamo come primo re dell'Urartu, Arame (858-844 a.C.), sul quale il sovrano assiro vince militarmente nel primo, nel terzo e nel quindicesimo anno di regno, durante i quali distrugge le città regali di Sagunia e di Arzashgune e altre città fino alla sorgente dell'Eufrate. Di questo sovrano non possediamo però alcuna iscrizione: il più antico testo redatto da un sovrano urarteo è quello assiro di Sarduri I, datato all'830 a.C.

Secondo alcuni il nome di Arame sarebbe semplicemente un appellativo per designarlo come arameo. Certamente si tratta di un arameo, ma potrebbe a mio parere indicare anche una provenienza geografica particolare, KURArumu, regione aramaica della quale di qui a breve andremo a parlare. È interessante notare come questo stesso nome fosse portato anche da un altro sovrano a lui contemporaneo, Arame, figlio di Gusi, re di Bit-Asusi; questo antroponimo trova inoltre dei ben noti precedenti in quei nomi molto più antichi di cui abbiamo già discusso.

Ancora dai testi di Salmanassar III veniamo a sapere che egli riconquistò due città, Pitru e Mutkinu, che ai tempi del re assiro Assur-rabi erano state prese con la forza dal re del regno di Arumu. Questo stato era dunque altra cosa rispetto alle due località menzionate, ma si può scorgere una certa contiguità territoriale tra le une, situata la prima sulle sponde del fiume Saggurru, affluente destro dell'Eufrate, e la seconda sulla riva orientale del fiume, e l'altro. Il sovrano in capo non è meglio identificato, ma possiamo supporre una collocazione approssimativa del suo regno e stabilire che fosse esistente almeno dal tempo di Assur-rabi II (1012-972 a.C.).

A questo punto verificando l'esistenza di altre attestazioni riguardanti questo paese, possiamo rilevare che sia nei testi di Ashur-dan II, nei quali troviamo ancora un riferimento alla situazione al tempo di Ashur-rabi II, e di Assurnasirpal II è presente la forma accadica ^{KUR}*a-ru-mu*, semplicemente considerata e resa dagli studiosi come *Aramei*. In verità laddove il testo originale vuole sottolineare il fatto che si tratti di uomini, come nelle iscrizioni di Adad-nirari II, usa il determinativo ^{MESH}; di conseguenza si può affermare che senza dubbio le altre occorrenze siano riferite a un luogo.

Altre attestazioni presentano delle varianti per armonia vocalica, a partire dai testi di Tiglatpileser I nei quali troviamo ^{KUR}*a-ru-ma*, generalmente reso come "monte Aruma", ma che in realtà non si differenzia dalle altre attestazioni. Quel che può confondere è la compresenza di questa forma e del binomio akhlamu armaya, ma poi ci accorgiamo che altrove, per esempio nei testi di Ashur-bel-kala, è utilizzata in chiaro riferimento alle più note iscrizioni di Tiglatpileser I. Da questo si può dedurre che i due appellativi fossero utilizzati interscambiabilmente, l'uno (Akhlamu ^{KUR}Armaya^{MESH}, ^{KUR}A-ri-mi^{MESH}, ma anche ^{KUR}A-ru-mu^{MESH} di Adad-nirari II) per indicare che si trattasse di uomini, l'altro (nelle sue diverse varianti) in relazione alla loro terra di appartenenza; è normale poi che a volte venga utilizzato il nome del paese per indicare la collettività del popolo aramaico. Per stabilire la collocazione geografica del paese di Arumu dobbiamo servirci delle indicazioni contenute nelle fonti, scarse ma riconducenti tutte a uno stesso ambito territoriale, quello dell'alto Tigri.

Un altro elemento presente nei testi assiri è stato finora preso in considerazione solo dagli studiosi che si sono occupati della preistoria del popolo armeno; se si potesse ipotizzare uno scambio tra /a/ e /u/, bisognerebbe includere nella presente indagine anche le attestazioni di ^{KUR}u-ru-ma-a-ia^{MESH} presente ben quattro volte nei testi di Tiglatpileser I (dove troviamo anche u-ru-mi$^{GISH.MESH}$ in riferimento a degli alberi come risulta chiaro dal determinativo) e ^{KUR}u-ru-me in quelli di Assurnasirpal II.

Secondo B. B. Piotrovskij il paese di Arme/Urme e il paese di Nihiria erano confinanti e si estendevano sull'alto corso del Tigri. Al contrario, secondo J. A. Manandjan il paese di Arme era uno stato aramaico situato lontano dal Tigri, in direzione sud-ovest. Assurnasirpal II non fornisce indicazioni geografiche precise sul presunto Arumu/Urumu, ma si intuisce una certa vicinanza a Nairi e il fatto che si trovasse piuttosto lontano dall'Assiria; Diakonoff vorrebbe invece una spiegazione da ricercarsi all'interno delle leggi dell'apofonia indoeuropea oppure in un regolare sviluppo storico di /a/ in /u/ oppure /o/. Le fonti urartee invece, in particolare le iscrizioni di Menua provenienti da Musha, evidenziano la vicinanza tra il paese di Urme e la città di Kulimeri. Un'altra informazione viene da una stele da Assur, dove è detto:

> Stele di Assur-shezibani, turtanu, governatore della regione della città di Ninive, governatore del paese di Kutmuhi, governatore del paese di Nihria.

Il fatto che queste tre località fossero nelle mani dello stesso governatore porta a pensare a una certa vicinanza tra esse. Ora, se Nihria si trovava più distante da Assur rispetto a Kutmuhi dobbiamo situarla a nord dei monti Kashiari, come anche il paese confinante Arme, vicino al paese di Shubria. S.T. Eremyan sostiene che questi Urumei siano da identificare con gli Arimi del territorio di Haiasa; nel clima delle generali migrazioni del XII secolo si sarebbero spostati verso l'alto Eufrate e l'Arzania; qui avrebbero fondato il paese di Urumu, Urmu o Arme, assorbito poi dal paese di Shubria. Questo sarebbe l'antico nucleo da cui si svilupperanno il popolo e la nazione armena. Ai fini della nostra ricerca sono propensa a non tenere in forte considerazione il dato sugli Urumei, anche perché, come è chiaro dai testi di Tiglatpileser I, si tratta di genti appartenenti a Khatti, estranee agli Akhlamu Armaya, mentre possiamo ritenere valida la vicinanza tra il paese di Arumu e la città di Nuhria.

Come avevo anticipato trattando della collocazione geografica di Aram Naharaim della Bibbia, esistono idee diverse sull'identificazione con altri siti noti dalle fonti.

Analizzando la totalità dei testi, O' Callaghan ha messo in evidenza che il termine Naharaim compare in tre serie di documenti distinti: nell'Antico Testamento, dove, come abbiamo già visto, è legato sempre al nome Aram; nelle iscrizioni egizie, per il periodo compreso tra il regno di Thutmosi I e di Ramses III; nelle lettere di Tell el-Amarna.

Nelle iscrizioni egizie compare in moltissime varianti, sempre scritto con la /h/, come in ebraico, e molto spesso con il determinativo del paese (Na-ha-ry-na; Na-h-ry-na; N-h-ry-n; N-h-ry-na; N-h-r-na; Na-ha-rn-na). In questi testi e nei seguenti indica Mitanni, ma in un senso propriamente geografico, non politico.

Nelle lettere amarniane è scritto Nahrima con la /h/ ed è preceduto dal determinativo [mat].

Per il fatto che non compaia nelle fonti assire, O' Callaghan ha pensato che si trattasse di una parola propria del semitico di nord-ovest, derivata da una forma originaria amorrea *Naharaina divenuta Nah(a)rena. Le fonti egizie sono le più antiche e sono dunque quelle che hanno preservato meglio la scrittura originale; in ebraico e ad Amarna –n diventa –m e in quest'ultima città h si trasforma in h.

Se O' Callaghan ritiene che nelle fonti assire non esista alcuna menzione di questo luogo, penso che in realtà lo si possa connettere con una ben nota denominazione, quella di Nairi: così come Naharaim indica una terra, quella di Aram, compresa tra due fiumi, anche in questo caso si potrebbe pensare al paese di Arumu che si trova nella "confederazione" di Nairi, laddove Nairi indica proprio una terra tra due fiumi (dall'assiro *naru*). Certamente non sarà rimasta memoria di questa originaria connessione e quella che si voleva indicare nei paesi veterotestamentari doveva essere effettivamente la zona di Kharran. Alcuni studiosi hanno poi discusso su una possibile relazione di Nairi con il toponimo Nihria, che compare in una fonte urartea come ^{URU}ni-hi-ri-a-ni capitale del paese di Arme, Arumu delle fonti assire; la forma è la medesima della stele di Assur-shezibani. Personalmente non penso che si possano identificare queste due entità, che risultano essere l'una appellativo di una grande confederazione, l'altra capitale di uno stato.

Tornando al nome *Aram* rileviamo come il nome ^{KUR}*Arumu*, con le sue diverse varianti, abbia certamente una conformità con Armina dei Greci; in effetti Piotrovskij fa notare come la denominazione completa di questo paese *Arme* delle fonti urartee dovrebbe essere proprio *Arme-ni* o *Armi-ni*: il secondo segno cuneiforme della parola Arme può infatti essere letto –*me* o –*mi*; il suffisso –*ni* è invece proprio dei toponimi della scrittura cuneiforme urartea.

M. Diakonoff crede che né una semplice assonanza né il fatto di essere vicini geograficamente sia sufficiente a sostenere tale teoria; inoltre, adduce come prova contraria il fatto che gli Aramei siano noti per aver parlato una lingua semitica, in nessun modo correlata all'armeno. In realtà gli elementi linguistici che convivevano in questa zona erano molteplici e diversi tra loro. Queste differenze linguistiche dovevano essere talmente marcate anche in tempi più recenti che anche con l'unificazione in un solo stato non furono soppiantate; a questo proposito è rilevante una testimonianza di Tommaso Artsruni del X secolo d.C., il quale riferendo degli abitanti di Sasun diceva che parlavano una lingua incomprensibile e li chiamava "gentaglia sira". J. A. Manandjan ritiene che quelli fossero i rimanenti tra gli Urartei, ma forse l'aggettivo "sira" era riferito ai resti della popolazione aramaica. Ora si può anche aggiungere che dai testi assiri appare chiaro che il paese di Aramu fosse certamente terra aramaica, con un proprio re del quale non possediamo però alcuna iscrizione; se dunque per il paese della zona di Bukan (lo si potrebbe denominare paese di Z'TR, ma essendo così incerta la lettura è preferibile mantenere una denominazione più generica) la situazione è stata resa manifesta da un documento scritto, per il paese di Arumu possediamo solo testimonianze indirette, le fonti assire e quelle urartee, le seconde molto vicine a quella realtà geografica.

Sviluppi storici e politici dal crollo dello stato urarteo alla nascita dell'Armenia

Alla fine del VII secolo il potere centrale dello stato urarteo subì un forte indebolimento, tanto che alcune terre dell'ovest e del sud-ovest si resero indipendenti; per salvaguardare la propria indipendenza unirono le forze contro una possibile minaccia proveniente dall'est dell'Asia Minore, formando una sorta di confederazione. A capo di questi popoli si pose il paese di Arme tanto che i paesi stranieri, la Persia e la Grecia, diedero il suo nome, Armina, a questa nuova unità, mentre Babilonia continuò a chiamarla con il vecchio nome di Urartu. Non bisogna dimenticare che al contempo nacque un'altra unione di tribù a nord-ovest, quella dei Hai. Essa assimilò soprattutto la cultura hittita sotto l'influenza della quale si trovava. Non volendo travalicare i limiti di questa ricerca ricordo solo come già nel 1898 Jensen rapportava l'etnico armeno *Hai* alla parola *Khatti*. Credo che sia evidente che il nome con il quale l'attuale Armenia è chiamata dai suoi abitanti, *Haiastan*, derivi da questo termine. Questa situazione ha invece una sua importanza per dimostrare come l'elemento indoeuropeo e quello semitico abbian vissuto nell'ambito di una realtà geografica prossima e affine, pur non essendosi amalgamati fra loro.

Fu Dario I (525-485 a.C.) a creare due satrapie, chiamate Armenia dai Greci, Armina dai Persiani e Urastu dai Babilonesi. Erodoto attribuisce alla prima la numerazione XIII, alla seconda XVIII. La prima era chiamata forse Melitene dai Greci e Melid dai Babilonesi (Melid era probabilmente la sua capitale); la seconda conservò invece il nome di Urartu nella sua forma babilonese. Nelle fonti greche e persiane antiche quando si parla di Armenia si intendono le due satrapie nel loro complesso, ma a volte anche la XIII in particolare.

Dario I tra il 518-519 a.C. fece incidere sulla roccia a Behistun tutta la serie di eventi che lo portò al trono e le vicende che restituirono unità all'impero a seguito delle varie ribellioni verificatesi in diverse province. Si tratta, come è noto, di un'iscrizione trilingue in persiano, in accadico e in elamico. I termini Armina e Arminiya appaiono per la prima volta qui in persiano, mentre nella versione babilonese compare il termine Urartu.

Alla fine del IV secolo tutta la zona era divisa in quattro grandi regioni, di cui due erano satrapie dei Seleucidi, l'Armenia orientale (il sud dell'altopiano armeno compresa la parte del Van) e l'Armenia occidentale (Safene); la Piccola Armenia e la regione dell'Ararat non accettarono invece il dominio seleucide. Per concludere con le vicende storiche di queste regioni voglio solo accennare che nel II secolo a.C. furono unite in un solo stato.

Solamente per inciso ricordiamo che nella letteratura armena antica il nome del paese e del popolo è fatto derivare, invece, da un antico eponimo; Mosè di Corene lo chiama Aram e crede che sia il diretto discendente dell'omonimo progenitore di Iafet nella Bibbia. Egli scrive:

> Dicono che Aram concluse molte azioni belliche e battaglie, che egli allargò i confini dell'Armenia in tutte le parti, che tutti i popoli cominciarono a chiamare il nosto paese con il suo nome: i Greci Armen, i Persiani e i Siri Armen.

L'idea di Diakonoff consiste invece in questo: i proto-Armeni sarebbero stati un popolo etnicamente misto, al punto da non aver coniato per se stesso alcun nome che ne indicasse la totalità; per questa ragione le popolazioni vicine li avrebbero chiamati con un nome derivato dalla zona geografica abitata dal sottogruppo a loro più vicino: i Georgiani Somexi da Suhmu e gli Aramei *Armnaia da Arme. Attraverso gli Aramei, che erano scribi e ministri della cancelleria achemenide, questo termine sarebbe stato preso in prestito dai Persiani e in seguito dai Greci (i quali originariamente dovevano utilizzare il nome Meliteni).

Concludendo questa discussione riguardante gli stati aramaici, si può affermare che ora la situazione appare senza dubbio più nitida. Seguendo un ordine logico possiamo dire che un nucleo aramaico originario dovette creare uno stato presso la terra di Arumu. Contemporaneamente, favoriti soprattutto da un momento storico di crisi e cambiamenti, videro la luce anche tutti gli altri stati che conosciamo dalle varie fonti: quelli della Siria meridionale e settentrionale, quelli più a nord, come Bit-Zamani, noti dalle fonti assire, e quello nato presso il lago Urmia. La diffusione spaziale di queste genti aramaiche ebbe come punto di partenza la terra di Arumu, corrispondente all'Armaya dei testi di Tiglatpileser I, e seguì, già molto tempo prima della formazione degli stati, una direttrice verso est, dove si manifesteranno con lo stato di Bukan e più a sud, con una presenza costante nel Luristan, e una verso ovest, dove daranno vita alle altre entità statali.

CONCLUSIONI

La storia degli studi sulle origini degli Aramei ha rivelato una accettazione da parte degli studiosi delle posizioni che a prima vista sembrano le più ovvie. Considerando i documenti di Tiglatpileser I come le prime testimonianze certe, si è pensato che l'ambientazione geografica in essi descritta fosse la stessa in cui le genti aramaiche abitavano "da sempre".

Sin dagli inizi della ricerca in quest'ambito sono emersi numerosi dati onomastici e geografici più antichi che hanno fatto pensare a una relazione con gli Aramei, ma se dapprima hanno suscitato interesse e un certo entusiasmo, in seguito sono stati quasi rimossi: pur comparendo costantemente nei diversi studi, non è stata data loro la giusta importanza e molto spesso sono stati considerati come non attinenti all'elemento aramaico. In effetti questi dati sono dislocati su una superficie molto vasta che non coincide con i luoghi tradizionalmente fatti abitare dagli Aramei. Così queste importantissime testimonianze antiche non sono state prese in considerazione nella ricostruzione storica e gli Aramei sono stati etichettati come un elemento nuovo dell'età del Ferro e definiti semplicemente come discendenti diretti dei seminomadi Akhlamu che da tempo gravitavano attorno alle zone urbanizzate.

Proprio nel periodo di Tiglatpileser I essi avrebbero dato inizio alla loro espansione disinguendosi poi in due gruppi: il primo, legato a un tipo di organizzazione ancora tribale, lo rintracciamo nelle fonti assire come insediatosi nell'est; il secondo lo ritroviamo in Siria, dove, per una serie di eventi a esso propizi, dà vita a degli stati.

Nel tracciare questo quadro però non si è potuto dare una risposta a numerosi dubbi: primo fra tutti quale fosse la terra di appartenenza di queste genti, in quale rapporto fossero con gli Akhlamu, quale significato si celasse dietro il nome Aram e dietro il termine Akhlamu e, ancora, quando e come gli Aramei riuscirono a oltrepassare il Tigri. Inoltre, se da una parte lo studio sulle origini degli Aramei era stato condizionato da alcuni pregiudizi, dall'altra c'era chi, ricercando le origini e studiando la preistoria del popolo armeno, era stato sviato da altre idee fuorvianti: quelle che negavano la possibilità di raccordare il mondo indoeuropeo con il mondo semitico.

Attraverso la presente indagine ho voluto prendere in considerazione tutte le fonti, anche quelle più antiche, per ripercorrere, attraverso una ricostruzione storica, le vicende del popolo aramaico, dai loro antecedenti fino alla formazione degli stati, e le regioni da essi abitate nel tempo, senza i preconcetti che hanno segnato e limitato gli studi finora. Per questa ragione mi sono servita non solo delle ricerche condotte dagli studiosi del Vicino Oriente antico, ma anche di quelle condotte su zone considerate da questi come marginali, primo fra tutti l'altopiano armeno. Le informazioni raccolte hanno permesso di ricostruire in maniera del tutto nuova la storia più antica, ma in parte anche quella successiva, degli Aramei.

Partendo dalle fonti più remote è stato possibile tracciare uno sfondo geografico che andrà poi a coincidere con quello contenuto nei documenti più recenti.

Così, se nelle prime attestazioni troviamo dei nomi formati con la radice *aram* dislocati principalmente nella zona di Eshnunna, della Siria e della Palestina e nella Mari di Zimri-Lim e gli Akhlamu in questa stessa città e sulle rotte tra Khatti e Babilonia, ricordiamo che questi testi sono sporadici e rimandano a uno scenario storico in cui le alte terre settentrionali erano ancora poco frequentate. Se consideriamo invece le fonti assire precedenti a Tiglatpileser I, quelle da Adad-nirari I ad Ashur-resh-ishi, allora ci rendiamo conto che la presenza degli Akhlamu era molto più diffusa di quanto si possa pensare. Credo che sia evidente che la sede naturale degli Akhlamu fosse quella delle terre nei pressi dei monti Kashiari, dove dovevano svolgere attività mercenarie e da cui scendevano per compiere saccheggi e razzie.

Pur non considerando gli Akhlamu e gli Aramei come un'unica identità, credo che una certa associazione derivi dal fatto di frequentare le stesse zone geografiche e di avere caratteristiche comuni in determinati momenti storici.

Dalla documentazione successiva appare chiaro che queste genti aramaiche, che ritroviamo ancora in tutte le località prima citate, sono non solo in espansione, ma anche più consolidati. Tale espansione li porterà lungo la zona del medio Eufrate, dove stabiliranno dei piccoli insediamenti, i quali, pur non essendo delle vere e proprie città, mostrano una certa propensione di queste genti alla sedentarizzazione.

Il cammino compiuto fino a questo momento storico dagli Aramei è quello di una migrazione verso le terre dei sedentari in un tempo molto remoto, addirittura si parla del III millennio per alcuni gruppi minori, parlanti forse una qualche forma di amorreo, e di uno spostamento successivo nel periodo medio-assiro, ma ben più massiccio, verso quelle stesse zone, tanto da divenire una reale minaccia per le civiltà urbane.

Gli sconvolgimenti che segneranno il XII secolo favoriranno la sedentarizzazione dei gruppi aramaici della Siria, delle regioni settentrionali e del nord-est con la creazione di entità statali, mentre, a causa di una situazione culturale differente, ciò non accadrà per le tribù del sud-est.

Come risulta dall'iscrizione di Bukan, della medesima tipologia di quelle della Siria, doveva esistere uno stato aramaico anche in quella zona, a sud-est del lago Urmia, tra la zona urartea a nord e quella mannea a sud. Una presenza aramaica è attestata anche nel Luristan e dal perdurare delle iscrizioni nel tempo è supponibile che essa fosse piuttosto costante e consolidata.

La questione principale è quella di stabilire quale fosse il territorio originario di queste popolazioni. A questo punto viene in soccorso un'importante iscrizione, quella di Salmanassar III che ci restituisce in parte la situazione dei tempi di Assur-rabi II (1012-972 a.C.). Nel presente testo si narra di un re del paese di Arumu, il quale conquistò le città di Pitru e Mutkinu. Si tratta di un regno aramaico che in base a questa iscrizione non è collocabile geograficamente, anche se taluni studiosi hanno pensato che potesse trovarsi sulla sponda occidentale dell'Eufrate e non lontano da Til Barsip.

In realtà esistono molte altre attestazioni riguardanti questa terra, con questa stessa vocalizzazione oppure vocalizzate diversamente per armonia vocalica. Come si può ben vedere sulle carte geografiche e in base alle indicazioni dei testi questo paese dovette essere parte delle terre di Nairi, quindi trovarsi verso l'alto Tigri piuttosto che verso la zona di Til Barsip.

La situazione geo-politica delle terre di Nairi in verità non è ancora molto chiara: temuto pericolo posto tra le montagne settentrionali per gli Assiri, molto probabilmente era una confederazione di diversi stati, regni, città e tribù, tra

122

i quali possiamo includere gli stati aramaici di Bit-Zamani, di Arumu e quello dei Temaniti: anche quest'ultimo, infatti, appare come uno stato aramaico (^{KUR}te-man-na-a-a) situato nei pressi di Khanigalbat, come ci informano i testi di Adad-nirari II (911-891 a.C.), e vicino al paese di Arumu. È stato detto che il termine "temanita" indicherebbe l'elemento aramaico sedentarizzatosi in questa zona, mentre il nome Aramei designerebbe i gruppi che gravitavano attorno a essi ancora come nomadi. Questa idea in realtà è infondata e non considera la presenza del paese di Arumu. Abbiamo già avuto modo di conoscere le diverse interpretazioni che sono state date a questo proposito nel precedente capitolo; quel che ora è importante considerare è che la geografia che fa da sfondo alle vicende narrate da Adad-nirari II nulla ha a che fare con i luoghi proposti dagli studiosi.

Ciò che vorrei sottolineare riguardo la presenza aramaica in questa zona settentrionale è che essa doveva essere molto antica, certo non ancora in forma di entità statale, ma come focolaio, come centro di diffusione da cui si avviarono gli spostamenti successivi; non sono affatto d'accordo con la teoria che vuole una migrazione aramaica verso Nairi solo dopo la morte di Tiglatpileser I: già nei testi di questo re, infatti, troviamo menzione di quella terra che con i dati contenuti nei documenti successivi possiamo situare proprio qui.

Occupandoci delle terre settentrionali nel corso del tempo abbiamo visto come dal vecchio Urartu nascano nuove confederazioni, delle quali una condotta dal paese di Arme, da cui trarrà il nome la satrapia persiana e infine l'Armenia.

La situazione antica si riflette nella divisione dei dialetti aramaici contemporanei, parlati attualmente in alcune aree del Vicino Oriente. Essi si suddividono in tre gruppi: quello occidentale, detto dialetto di Ma'lula, è parlato a Ma'lula, Bah'a e Gubb-'Adin, tre villaggi dell'Antilibano; quello centrale, detto turoyo, è parlato dagli Aramei della zona di Tur 'Abdin; quello orientale, detto anche assiro, è parlato a Urmia e nelle grandi città dell'Iran, nella zona di Mosul e Ba'quba in Iraq, a Van in Turchia e in Siria tra Hasek e Ras al-'Ayn. I parlanti questi dialetti contemporanei vivono dunque proprio in quelle regioni dove anticamente gli Aramei erano insediati in modo più consolidato, a settentrione nella zona del lago Van e del lago Urmia, presso il quale, ricordiamo, esisteva lo stato che conosciamo grazie all'iscrizione di Bukan, nella zona dei monti Kashiari, nella valle del Khabur, dove la presenza aramaica era molto forte, e nell'area damascena, nella quale la lingua aramaica sta sopravvivendo al processo di arabizzazione anche grazie al fatto che parte dei parlanti professa la fede cristiana. Una evidente assenza è rappresentata dall'area del paese di Arumu: la situazione storica è già stata spiegata, ma la sua originaria esistenza permane nel nome Armenia.

Ancora in riferimento alla situazione attuale, e come ulteriore dato di prova, voglio rilevare il fatto che il nome Aram è ancora utilizzato presso gli Armeni come nome proprio maschile, con il significato di "altezza", "eminenza", "magnificenza".

BIBLIOGRAFIA

Abu Assaf A., Bordreuil P., Millard A., *La statue de Tell Fekheryé et son inscription bilingue assiro-araméenne*, Paris 1982

Astour M.C., *Continuité et changement dans la toponymie de la Syrie du Nord*, in La toponymie antique. Actes du Colloque de Strasbourg 12-14 juin 1975, Leiden, Brill 1977, pp. 117-141

Biblia Hebraica Stuttgartensia, Stuttgart 1984

Bordreuil P., *Les royaumes araméens de Syrie*, in Cluzan S. (ed.), Syrie: Mémoire et Civilisation, Paris 1992, pp. 250-257

Bordreuil P. (ed.), *Une bibliothèque au sud de la ville (Ras-shamra-Ougarit 7)*, Paris 1991

Brinkman J.A., *A Political history of Post-Kassite Babylonia (1158-722)*, Analecta Orientalia, 43, Roma 1968

Brinkman J.A., *Notes on Arameans and chaldaeans in outhern Babylonia in the Early Seventh Century B.C.*, in Orientalia N.S., 46, 1977, pp. 304-325

Buccellati G., *The Amorites of the Ur III Period*, Napoli 1966

Buccellati G., *Cities and Nations of Ancient Syria*, Roma 1967

Cluzan S. (ed.), *Syrie: Mémoire et Civilisation*, Paris, Flammarion 1993

Cornwall P.B., *Two letters from Dilmun*, in Journal of Cuneiform Studies, VI, 1952, pp. 137-145

Deimel A., *Miszellen*, in Orientalia, 2, 1920, p. 62

Dhorme A., *Les Pays bibliques et l'Assyrie*, Paris 1911

Dhorme A., *Abraham dans le cadre de l'histoire*, in Revue Biblique, 37, 1928, pp. 487-488

Dhorme A., *Palmyre dans les teste assyriens*, in Revue Biblique, 33, 1924, pp. 106-108

Diakonoff I.M., *The pre-history of the Armenian People*, New york 1984

Dion P.-E., *Les Araméens à l'age du Fer: histoire politique et structures sociales*, Paris 1997

Dion P.-E., *Aramaean Tribes and Nations of first-Millennium Western Asia*, in Sasson J.M. (ed.), Civilization of the Ancient Near East, New York 1995, pp. 1281-1294

Dunand M., *Stèle araméenne dédiée à Melqart*, in bulletin du Musée de Beyrouth, 3, 1939, pp. 65-67 e tav. XIII

Dupont-Sommer A., *Les Araméens*, Paris 1949

Dupont-Sommer A., *Sur les debuts de l'histoire araméenne*, in Vetus Testamentum, Suppl. I, 1953, pp. 40-49

Dupont-Sommer A., *Trois inscriptions araméennes inédites sur des bronzes du Luristan, Collection de M. Foroughi*, in Iranica antiqua, 4, 1964, pp. 108-118

Dussaud R., *Topographie de la Syrie antique et médiévale*, Paris 1927

Ekmekdjian M., *Les Prénoms arméniens*, Marseille 1992

Elat M., *The Campaigns of Shalmaneser III against Aram and Israel*, in Israel Exploration Journal, 25, 1975, pp. 25-35

Fales F.M., *Aramaic Epigraphs on Clay Tablets of the Neo-Assyrian Period*, Roma 1986

Frye R.N., *Assyria and Syria: Synonyms*, in Journal of Near Eastern Studies, 51, 1991, pp. 281-285

Gadd C.J., *Inscribed prisms of Sargon II from Nimrud*, in Iraq, XVI, 1954, pp. 173-201

Garbini G., *Aramaica*, Roma 1993

Gelb I.J., *Inscriptions from Alishar and Vicinity*, Chicago 1935

Gelb I.J., Purves P.M., MacRae A.A., *Nuzi Personal Names*, Chicago 1943

Gibson J., *Aramaic Inscriptions*, Oxford 1975

Geent T.M., *The City of the Moon God. Religious Traditions of Harran*, Leiden, Brill 1992

Goetze A., *Hethiter, Churriter und Assyrer*, Oslo 1936

Goetze A., *An Old Babylonian Itinerary*, in Journal of Cuneiform Studies, VII, 1953, pp. 51-72

Gordon C.H., *Ugaritic Textbook*, Roma 1965

Grayson A.K., *Assyrian Royal Inscriptions*, Wiesbaden 1972

Grayson A.K., *Assyrian rulers of the third and second millennia (to 1115 B.C.)*, Toronto, Buffalo, London 1987

Grayson A.K., *Assyrian rulers of the early first millennium B.C. I (1114-859 B.C.)*, Toronto, Buffalo, London 1991

Harrak A., *Assyria and Khanigalbat. A Historical Reconstruction of Bilateral Relations from the Middle of the Fourteenth to the End of the Twelfth Centuries B.C.*, Hildesheim, Olms 1987

Hrozny' B., *Naram-Sin et ses ennesi d'apres un texte hittite*, in Archiv Orientalni, I, 1929, pp. 75-76

Keiser C.E., *Cuneiform Bullae of the Third Millennium B.C.*, III, New York 1914

Klengel H., *Syria 3000 to 300 B.C. A Handbook of Political History*, Berlin 1992

Knudtzon J.A., *Die el-Amarna-Tafeln*, I, Leipzig, 1915, pp. 732-733

Koenig F.W., *Handbuch der Chaldischen Inschriften*, I-II, Graz 1955-1957

Kraeling E.G.H., *Aram and Israel, or the Aramaeans in Syria and Mesopotamia*, New York 1966

Kühne H., *Gli Assiri nella Siria settentrionale*, in Rouault O., Rouault-Masetti M.G. (ed.), L'Eufrate e il tempo, 1993, pp. 87-89

Kühne H., *The Urbanization of the Assyrian Provinces*, in Mazzoni S. (ed.), Nuove fondazioni nel Vicino Oriente Antico: realtà e ideologia, 1994, pp. 55-84

Kupper J., *Les nomades en Mésopotamie au temps des rois de Mari*, Paris 1957

Lemaire M.A., *Jérémie XXV 10b et la stèle araméenne de Bukan*, in Vetus Testamentum, 47/4, 1997, pp. 543 sgg.

Lemaire M.A., *L'inscription araméenne de Bukan et son intéret historique*, in Comptes Rendus de l'Académie des Inscriptions, Paris 1998, pp. 293-300

Lemaire M.A., *Hazael de Damas, roi d'Aram*, in Charpin D., Joannes F. (ed.), Marchands, diplomates et empereurs. Etudes sur la civilisation mésopotamienne offertes à Paul garelli, Paris 1991, pp. 91-108
Lemaire M.A., Durand J.M., *Les inscriptions araméennes de Sfiré et de l'Assyrie de Shamshi-ilu*, Genève, Droz 1994

Levine L.D., *Geographical Studies in the Neo-Assyrian Zagros*, Toronto 1974

Levy T.E., *Studies in the Historic Geography of the Ancient Near East*, in Orientalia N.S., 21, 1952, pp. 393-425

Lipinski E., *Studies in Aramaic Inscriptions*, I, Leuven 1975

Lipinski E., *Studies in Aramaic Inscriptions*, II, Leuven 1994

Lipinski E., *Compte-rendu de SADER, Les états araméens*, in Welt des Orients 20-21, 1989-1990, pp. 301-303

Liverani M., *Antecedenti dell'onomastica aramaica antica*, in Rivista degli Studi Orientali, XXXVII, 1962, pp. 65-76

Liverani M., *La Siria nel Tardo Bronzo*, Roma 1969

Liverani M., *Amorites*, in Wiseman D.J. (ed.), Peoples of Old Testament Times, Oxford, Clarendon 1973, pp. 100-133

Liverani M., *Atlante storico del Vicino Oriente antico*, Roma 1986

Liverani M., *Studies on the annals of Ashurnasirpal II. 2: Topographical Analysis*, Roma 1992

Liverani M., *Neo-Assyrian Geography*, Roma 1995

Liverani M., *Antico Oriente. Storia Società Economia*, Roma 1995

Liverani M., *Le lettere di el-Amarna*, 1-2, Roma 1998

Luckenbill D.D., *Ancient Records of Assyria and Babylonia*, I-II, Chicago 1926-1927

Malamat A., *The Aramaeans*, in Wiseman D.J. (ed.), Peoples of Old Testament times, Oxford 1973, pp. 134-155

Maxwell-Hyslop K.R., *Assyrian Sources of Iron. A Preliminary Survey of the Historical and Geographical evidence*, in Iraq, 36, 1974, pp. 139-154

Mazar B., *The Aramean Empire and its Relations with Israel*, in Biblical Archaeologist, XXV, 1962, pp. 98-120

Mazzoni S., *Nuove fondazioni nel Vicino Oriente Antico: realtà e ideologia*, Pisa, Giardini 1994

Michel E., *Die Assur Texte Salmanassars III*, in Welt des Orients, 2, 1955, pp. 137-157

Millard A.R., *A Wandering Aramean*, in Journal of Near Eastern Studies, 39, 1980, pp. 153-155

Millard A.R., The Homeland of Zakkur, in Semitica 39, 1990, pp. 47-52

Moscati S., *Sulle origini degli Aramei*, in Rivista degli Studi Orientali, XXVI, 1951, pp. 16-22

Moscati S., *The Aramaean Ahlamu*, in Journal of Semites Studies, 4, Roma 1959, pp. 303-307

Musil A., *The Middle Euphrates. A Topographical Itinerary*, New York 1927

O' Callaghan R.T., *Aram Naharaim. A Contribution to the History of Upper Mesopotamia in the Second Millennium B.C.*, Roma 1948

Parpola S., *Neo-Assyrian Toponyms*, Neukirken 1970

Pecorella P., Salvini M., *Tra lo Zagros e l'Urmia*, Roma 1984

Pettinato G., *L'Atlante Geografico del Vicino Oriente Antico attestato ad Ebla ed ad Abu Salabik (I)*, in Orientalia, 47, 1978, pp. 50-73

Piotrovskij B.B., *Il regno di Van. Urartu*, Roma 1966

Pitard V.T, *Ancient Damascus. A Historical Study of the Syrian City-State from Earliest Times until its Fall to the Assyrians in 732 B.C.E.*, Winona Lake 1987

Pitard V.T, *The Identity of Bar-Hadad of the Melqart Stele*, in Bulletin of the American Schools of Oriental Research, 272, 1988, pp. 3-21

Pognon H., *Inscriptions sémitiques de la Syrie, de la Mésopotamie et de la région de Mossoul*, Paris 1907-1908

Sacchi P., *Per una storia di Aram*, in La parola del passato, II, Napoli 1959, pp. 131-134

Sacchi P., *Osservazioni sul problema degli Aramei*, Firenze 1960

Sader H.S., *Les états araméens de Syrie depuis leur fondation jusq'à leur transformation en provinces assyriennes*, Beirut 1987

Salvini M., Nairi e Ur(u)atri. Contributo alla storia della formazione del regno di Urartu, Roma 1967

Salvini M., *Assyrian and Urartian Written Sources for Urartian History*, in Sumer, 42, 1986, pp. 155-159

Salvini M., *L'Urartu fra Oriente e Occidente*, in Dialoghi di Archeologia, Terza serie, 5/2, 1987, pp. 29-35

Schwartz G.M., *The Origins ogf the Aramaeans in Syria and Northern Mesopotamia: Research Problems and Potential Strategies*, in Haex, Curvers, Akkermans (ed.), To the Euphrates and beyond. Archaeological studies in honour of Maurits N. Van Loon, Rotterdam 1989, pp. 275-291

Sollberger E., Kupper J., *Les inscriptions royales sumériennes et akkadiennes*, Paris 1971

Spycket A., *La statue bilingue de Tell Fekheryé*, in Revue d'Assyriolgie et d'Archéologie Orientale, 79, 1985, pp. 67 sgg.

Stager L.E., *The Impact of the Sea Peoples in Canaan (1185-1050 BCE)*, cap. 20, in Levy T.E. (ed.), The Archaeology of Society in the Holy Land, London 1995

Tadmor H., *The Aramaization of Assyria. Aspects of Western Impact*, in Kühne, Nissen, Renger (ed.), Mesopotamien und seine Nachbarn, Berlin, 1984, 2, pp. 449-470

Teixidor M.J., *Antiquités sémitiques, Résumé de cours et travaux, Annuaire du Collège de France*, Paris 1999-2000, pp. 679-692

Thureau-Dangin F., *Une inscription de Naram-Sin*, in Revue d'Assyriologie et d'Archéologie orientale, 8, 1911, pp. 199-200

Thureau-Dangin F., *Une tablette bilingue de Ras Shamra*, in Revue d'Assyriologie et d'Archéologie orientale, XXXVII, pp. 97-118

Tsereteli K., *Grammatica generale dell'aramaico*, Torino 1995

Unger M.F., *Israel and the Aramaeans of Damascus*, London 1957

Von Soden W., Akkadisches Handworterbuch, I, Wiesbaden 1965, pp. 326-327

Wiseman D.J., *The Alalakh Tablets*, London 1953

Wiseman D.J. (ed.), *Peoples of Old Testament Times*, Oxford, Clarendon 1973

Zadok R., *Suteans and other West Semites during the latter half of the second millennium B.C.*, in Orientalia Lovianiensia Periodica, 16, 1985, p. 65

Zadok R., Some Problems in Early Aramean History, in Deutscher Orientalistentag, XXII, 1983, Suppl. VI, Wiesbaden 1985, pp. 81-85

Zadok R., *Notes on the Historical Geography of Mesopotamia and Northern Syria*, in Abr-Nahrain, 27, 1989, pp. 154-169

Zadok R., *Elements of Aramean Pre-History*, in Cogan, Eph'al (ed.), Ah, Assyria... Studies in Assyrian History and Ancient Near Eastern Historiography Presented to Hayim Tadmor, Jerusalem 1991, pp. 104-117

Zimansky P.E., The Kingdom of Urartu in Eastern Anatolia, in Sasson J.M. (ed.), Civilizations of the Ancient Near East, New York 1995, pp. 1135-1146

INDICE

Chronos

flower-ed

Nella radice, per la quale ha vita il fiore

Casa editrice flower-ed
www.flower-ed.it

www.ingramcontent.com/pod-product-compliance
Lightning Source LLC
Chambersburg PA
CBHW051722090426
42738CB00010B/2035